人類《じんるい》の誕生《たんじょう》と進化《しんか》の歩《あゆ》み――

最初《さいしょ》の人類《じんるい》が出現《しゅつげん》してから約《やく》700万年《まんねん》の間《あいだ》、人類《じんるい》は進化《しんか》を続《つづ》け、ときには絶滅《ぜつめつ》も経験《けいけん》して、約《やく》20万年前《まんねんまえ》ついに私《わたし》たちホモ・サピエンスを生《う》み出《だ》した。さあ、私《わたし》たち人類《じんるい》のルーツに迫《せま》ってみよう。

アウストラロピテクス・アファレンシスの全身骨格《ぜんしんこっかく》

390万年《まんねん》～290万年前《まんねんまえ》に生息《せいそく》した人類《じんるい》で、アファール猿人《えんじん》とも呼《よ》ばれる。ホモ・サピエンスに直接《ちょくせつ》つなが

る種《しゅ》である可能性《かのうせい》が高《たか》いと言《い》われている。

▲アファール猿人《えんじん》の女性《じょせい》の復元像。「ルーシー」と呼《よ》ばれている。

撮影／大橋 賢
撮影協力／国立科学博物館

人類《じんるい》進化《しんか》700万年《まんねん》の系統樹《けいとうじゅ》

約《やく》700万年《まんねん》の間《あいだ》に登場《とうじょう》した人類《じんるい》は、20種《しゅ》を超《こ》えると言《い》われている。それぞれ代表《だいひょう》的《てき》な例《れい》の特徴《とくちょう》と、進化《しんか》の流《なが》れを年代《ねんだい》を追《お》って紹介《しょうかい》してみよう。

初期猿人《しょきえんじん》

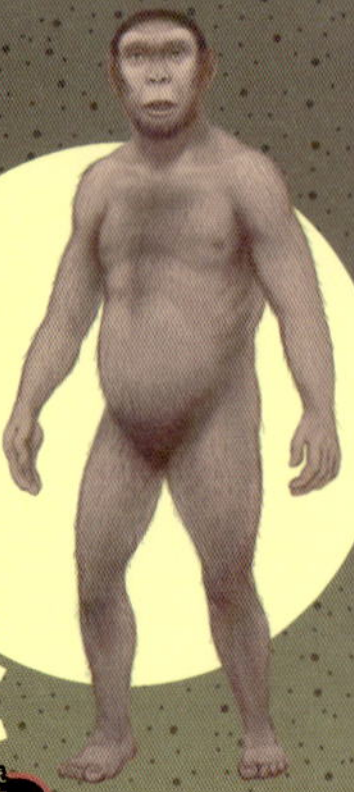

約《やく》700万年前《まんねんまえ》
サヘラントロプス・チャデンシス

最初期《さいしょき》の人類《じんるい》とされる種《しゅ》だが、脳《のう》の容量《ようりょう》はチンパンジーと大差《たいさ》がなかった。トゥーマイ猿人《えんじん》とも呼《よ》ばれる。

約《やく》600万年前《まんねんまえ》
オロリン・トゥゲネンシス

約《やく》580万年前《まんねんまえ》
アルディピテクス・カダバ

約《やく》440万年前《まんねんまえ》
アルディピテクス・ラミダス

ラミダス猿人《えんじん》とも呼《よ》ばれる。直立二足歩行《ちょくりつにそくほこう》できたが、足《あし》の形状《けいじょう》にはチンパンジーとの共通点《きょうつうてん》が多《おお》い。

猿人《えんじん》

約《やく》420万年前《まんねんまえ》
アウストラロピテクス・アナメンシス

約《やく》390万年前《まんねんまえ》
アウストラロピテクス・アファレンシス

現代人《げんだいじん》とほとんど同《おな》じ速《はや》さで直立二足《ちょくりつにそく》歩行《ほこう》できたらしい。ただ、あまり長《なが》い距離《きょり》は歩《ある》けなかったようだ。

約《やく》300万年前《まんねんまえ》
アウストラロピテクス・アフリカヌス

約《やく》200万年前《まんねんまえ》
アウストラロピテクス・セディバ

約《やく》250万年前《まんねんまえ》
アウストラロピテクス・ガルヒ

※←は、つながりがあるとの説《せつ》が有力《ゆうりょく》なもの。←…は確証《かくしょう》がないもの。種《しゅ》のつながりについては、研究者《けんきゅうしゃ》によって見解《けんかい》が異《こと》なっている。

新《しん》人《じん》

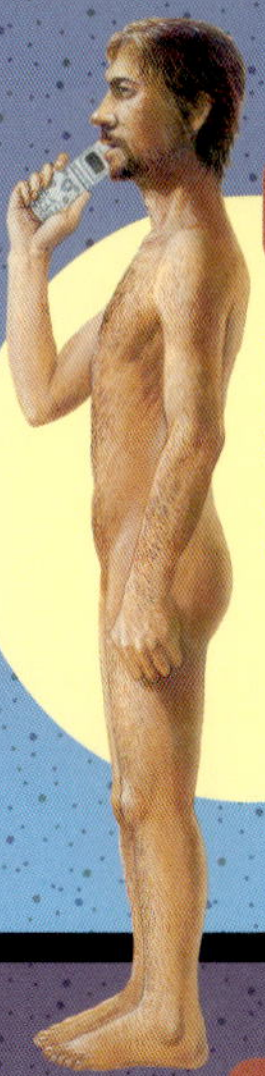

約《やく》20万年前《まんねんまえ》～現在《げんざい》
ホモ・サピエンス

現生人類《げんせいじんるい》。つまり、私《わたし》たちのこと。20種《しゅ》以上《いじょう》もいた人類《じんるい》のなかで、唯一《ゆいいつ》生《い》き残《のこ》ることができた。

原《げん》人《じん》

約《やく》240万年前《まんねんまえ》
ホモ・ハビリス

初期《しょき》の原人《げんじん》。ホモ・ハビリスとは「器用《きよう》な人《ひと》」という意味《いみ》で、簡単《かんたん》な石器《せっき》をつくれた。

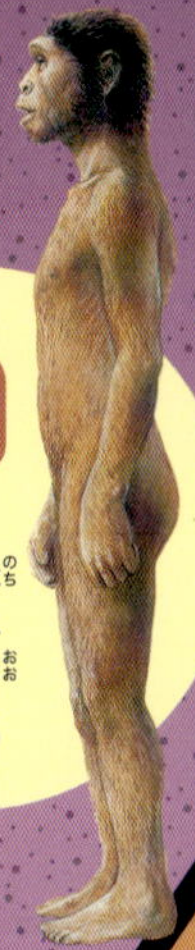

約《やく》180万年前《まんねんまえ》
ホモ・エレクトス

後《のち》に、多《おお》くの種《しゅ》に枝分《えだわ》かれした。その種《しゅ》のひとつが、ホモ・サピエンスにつながったと考《かんが》えられている。

約《やく》10万年前《まんねんまえ》
ホモ・フロレシエンシス

約《やく》70万年前《まんねんまえ》
ホモ・ハイデルベルゲンシス

約《やく》70万年前《まんねんまえ》
ホモ・アンテセッソール

旧《きゅう》人《じん》

約《やく》40万年前《まんねんまえ》
ホモ・ネアンデルターレンシス

ホモ・サピエンスと同時期《どうじき》に生《い》きていた。知能《ちのう》が高《たか》く、独自《どくじ》の文化《ぶんか》ももっていたが、約《やく》4～3万年前《まんねんまえ》に絶滅《ぜつめつ》した。ネアンデルタール人《じん》とも呼《よ》ばれる。

約《やく》270万年前《まんねんまえ》
パラントロプス・エチオピクス

約《やく》240万年前《まんねんまえ》
パラントロプス・ボイセイ

約《やく》200万年前《まんねんまえ》
パラントロプス・ロブストス

イラスト／山本 匠

人類《じんるい》の脳容量《のうようりょう》の移《うつ》り変《か》わり

直立二足歩行《ちょくりつにそくほこう》で、重《おも》い頭《あたま》を背骨《せぼね》で支《ささ》えられるようになった人類《じんるい》は、次第《しだい》に脳《のう》の容量《ようりょう》を増《ふ》やしていった。

初期猿人《しょきえんじん》 約《やく》350ml

サヘラントロプス・チャデンシスの場合《ばあい》

不完全《ふかんぜん》ながらも、最初《さいしょ》に直立二足歩行《ちょくりつにそくほこう》した可能性《かのうせい》がある初期猿人《しょきえんじん》。だが、脳《のう》の容量《ようりょう》自体《じたい》はチンパンジーと同《おな》じほどだった。

イラスト／山本 匠

猿人《えんじん》 約《やく》500ml

パラントロプス・ボイセイの場合《ばあい》

400万年前頃《まんねんまえころ》に現《あらわ》れた猿人《えんじん》の脳《のう》の容量《ようりょう》は、それまでの人類《じんるい》より増加《ぞうか》しているようだが、まだホモ・サピエンスの3分《ぶん》の1程度《ていど》しかない。

撮影／大橋 賢　撮影協力／国立科学博物館

旧人《きゅうじん》 約《やく》1500ml

ホモ・ネアンデルターレンシスの場合《ばあい》

ホモ・サピエンスの脳《のう》の容量《ようりょう》は1400mlほど。ホモ・ネアンデルターレンシスは、それより大《おお》きな脳《のう》をもっていた。

撮影／大橋 賢　撮影協力／国立科学博物館

原人《げんじん》 約《やく》850ml

ホモ・エレクトス（エルガスター）の場合《ばあい》

額《ひたい》が丸《まる》みをおびて、より大《おお》きな脳《のう》を収《おさ》められるようになった。原人《げんじん》には、脳《のう》の容量《ようりょう》が1000mlを超《こ》えるものもいたようだ。

撮影／河野礼子

ドラえもん科《か》学《がく》ワールド

DORAEMON KAGAKU WORLD

人《じん》類《るい》進《しん》化《か》の不《ふ》思《し》議《ぎ》

ドラえもん科学《かがく》ワールド

―人類《じんるい》進化《しんか》の不思議《ふしぎ》―

もくじ

巻頭《かんとう》カラーグラフ …… 3
人類《じんるい》の誕生《たんじょう》と進化《しんか》の歩《あゆ》み――
人類進化《じんるいしんか》700万年《まんねん》の系統樹《けいとうじゅ》
人類《じんるい》の脳容量《のうようりょう》の移《うつ》り変《か》わり

ヒトとサルはどう違《ちが》う？

まんが ぼくの生《う》まれた日《ひ》 …… 12
ヒトは霊長類《れいちょうるい》の一員《いちいん》 …… 22
ヒトとサルはどこが違《ちが》うのか？ …… 24
ヒトはいつからヒトになったのか？ …… 26

霊長類《れいちょうるい》の登場《とうじょう》

まんが うら山《やま》のウサギ怪獣《かいじゅう》 …… 28
人類《じんるい》のルーツを探《さぐ》ってみよう！ …… 37
霊長類《れいちょうるい》はいつ　どこで誕生《たんじょう》したのか？ …… 38
約《やく》2500万年前《まんねんまえ》
ついに類人猿《るいじんえん》が出現《しゅつげん》した!! …… 40

アフリカを出《で》た原人《げんじん》

まんが キャンプ …… 88
誕生《たんじょう》の地《ち》アフリカを出《で》た原人《げんじん》たち …… 95
ユーラシア大陸《たいりく》を旅《たび》した原人《げんじん》たち …… 96
東南《とうなん》アジアに進出《しんしゅつ》した原人《げんじん》たち …… 98

ホモ・ネアンデルターレンシスとホモ・サピエンス

まんが この絵《え》600万円《まんえん》 …… 100
現代人《げんだいじん》の最大《さいだい》のライバル
ホモ・ネアンデルターレンシス …… 112
現代人《げんだいじん》ホモ・サピエンスが出現《しゅつげん》！ …… 114
生《い》き残《のこ》ったホモ・サピエンスと
絶滅《ぜつめつ》したホモ・ネアンデルターレンシス …… 116

世界《せかい》に広《ひろ》がったホモ・サピエンス

まんが 実感帽《じっかんぼう》 …… 118
世界《せかい》に拡散《かくさん》したホモ・サピエンス …… 126
世界《せかい》で生《い》きのびたホモ・サピエンスの大《おお》きな武器《ぶき》 …… 128
DNA《ディーエヌエー》研究《けんきゅう》が解《と》き明《あ》かすホモ・サピエンスの進化《しんか》 …… 130
まんが 石器時代《せっきじだい》の王《おう》さまに …… 132

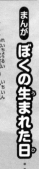

森《もり》でくらした初期猿人《しょきえんじん》

まんが キングコング …… 42
直立二足歩行《ちょくりつにそくほこう》は森《もり》のなかではじまった!? …… 48
日本人《にほんじん》が発見《はっけん》した化石《かせき》が初期猿人《しょきえんじん》について教《おし》えてくれた …… 50
化石《かせき》から大昔《おおむかし》のことを想像《そうぞう》するのは難《むずか》しい!? …… 52

直立二足歩行《ちょくりつにそくほこう》をはじめた猿人《えんじん》

まんが ロボットねん土《ど》 …… 53
現代人《げんだいじん》と同《おな》じ直立二足歩行《ちょくりつにそくほこう》をする猿人《えんじん》の登場《とうじょう》 …… 60
足跡《あしあと》からわかる猿人《えんじん》のくらし …… 62
生《い》き残《のこ》ったのはあごより脳《のう》が大《おお》きくなった人類《じんるい》 …… 64

道具《どうぐ》を手《て》にした原人《げんじん》

まんが 古道具《ふるどうぐ》きょう争《そう》 …… 66
ついに現代人《げんだいじん》のなかまホモ属《ぞく》が出現《しゅつげん》した! …… 82
ホモ属《ぞく》は道具《どうぐ》を発明《はつめい》して使《つか》いはじめた! …… 84
人類最大《じんるいさいだい》の発明《はつめい》「火《ひ》」の使用《しよう》! …… 86

狩猟採集《しゅりょうさいしゅう》から農耕《のうこう》へ

大型《おおがた》ほ乳類《にゅうるい》の大量絶滅《たいりょうぜつめつ》はだれのせい? …… 146
気候《きこう》の変動《へんどう》と農耕《のうこう》のはじまり …… 148
新石器時代《しんせっきじだい》と「町《まち》」の誕生《たんじょう》 …… 150

古代文明《こだいぶんめい》の開化《かいか》

まんが 野生《やせい》ペット小屋《こや》 …… 152
豊《ゆた》かな生活《せいかつ》が文明《ぶんめい》をもたらした …… 166
大河《たいが》のまわりで生《う》まれた4つの文明《ぶんめい》とは? …… 168

日本《にほん》に来《き》たホモ・サピエンス

まんが タイムマシンがなくなった!! …… 171
日本《にほん》へたどり着《つ》いたホモ・サピエンス …… 192
縄文人《じょうもんじん》と弥生人《やよいじん》は争《あらそ》うことなくひとつになった …… 194

人類《じんるい》はどこへ向《む》かうのか

まんが 人間機関車《にんげんきかんしゃ》 …… 197
地球全体《ちきゅうぜんたい》に広《ひろ》がるホモ・サピエンス社会《しゃかい》 …… 204
DNA《ディーエヌエー》が明《あき》らかにする人類《じんるい》の起源《きげん》と進化《しんか》 …… 206
ホモ・サピエンスはどこへ向《む》かうのか? …… 208
あとがき「私《わたし》たちの祖先《そせん》の物語《ものがたり》」 篠田謙一《しのだけんいち》 …… 210

※本書は「ドラえもん科学・社会・探究・学びワールド」（スペシャルを含む）に掲載されたまんが作品が、重複して使用される場合があります。

写真／Shutterstock

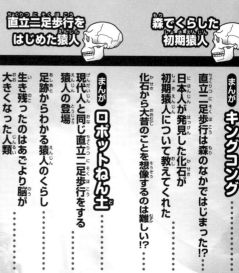

この本《ほん》について

この本《ほん》は、ドラえもんのまんがを楽《たの》しみながら最新《さいしん》の科学《かがく》知識《ちしき》を学《まな》ぼうとするよくばりな本《ほん》です。

まんがで扱《あつか》われている科学《かがく》のテーマを、その後《あと》に掘《ほ》り下《さ》げて解説《かいせつ》しています。かなり難《むずか》しい内容《ないよう》も含《ふく》まれているかもしれませんが、現在《げんざい》のさまざまな研究結果《けんきゅうけっか》をふまえて、人類《じんるい》の進化《しんか》をできるだけわかりやすく解説《かいせつ》しています。

私《わたし》たち人類《じんるい》はどのようにして誕生《たんじょう》し、進化《しんか》してきたのでしょうか。私《わたし》たち自身《じしん》のことなのですが、まだまだ謎《なぞ》に包《つつ》まれたことがたくさんあります。そもそも私《わたし》たちの祖先《そせん》である「ヒト」と「サル」はどう違《ちが》うのでしょう。そしてヒトはいつからヒトになったのでしょう。私《わたし》たち人類《じんるい》はどのようにして二足《にそく》で歩《ある》き、道具《どうぐ》や火《ひ》を使《つか》うようになったのでしょう。そして私《わたし》たちの祖先《そせん》は、なぜ誕生《たんじょう》の地《ち》アフリカから世界《せかい》へと拡散《かくさん》していったのでしょう。

DNA《ディーエヌエー》（遺伝情報《いでんじょうほう》）などの最新《さいしん》の研究成果《けんきゅうせいか》により、私《わたし》たちホモ・サピエンスとその祖先《そせん》の謎《なぞ》が今《いま》、解《と》き明《あ》かされようとしています。

みなさんもドラえもんのまんがを読《よ》みながら、私《わたし》たち人類《じんるい》のルーツと進化《しんか》の謎《なぞ》について一緒《いっしょ》に学《まな》んでいきましょう。

※特《とく》に記述《きじゅつ》がないデータは、2018年《ねん》7月現在《がつげんざい》のものです。

写真／Shutterstock

パオーン
マンモスだっ。

もう、帰《かえ》ろうよう。
もうすこし。

生《う》まれた日《ひ》

やる気《き》なくなるよ。
勉強《べんきょう》しろ勉強《べんきょう》しろと、同《おな》じことばっかり。
今《いま》だってそうだよ、せっかく自分《じぶん》でやる気《き》をおこしてたのに。
母《かあ》さんにいわれたら、いやになっちゃった。
もっと、ぼくを信用《しんよう》してほしいよ。
じゃあ、ほっとけば自分《じぶん》からやる？
もちろんです!!
それじゃ、好《す》きなようになさい。

ぼくの
遊《あそ》んでこよう。

人類進化《じんるいしんか》の不思議《ふしぎ》Q&A《キューアンドエー》

Q 道具《どうぐ》を使《つか》えるサルは、一部《いちぶ》の類人猿《るいじんえん》だけだ。本当《ほんとう》？ ウソ？

A ウソ　フサオマキザルという南《みなみ》アメリカにすむサルは、堅《かた》い木《き》の実《み》を割《わ》るために石《いし》を使《つか》うぞ。

昭和《しょうわ》三十九年《ねん》八月《がつ》七日《か》でいいんだね。
十年前《ねんまえ》のぼくの家《いえ》だ。
ここは父《とう》さんのへやだったのか。
まだ、きずもらくがきもないね。
だれもいないよ。
でも…。
親《おや》がいなくて、どうしてぼくが生《う》まれたんだ。
やっぱりひろわれたのかねえ。
ワア～
うそうそ！
きっと病院《びょういん》だよ。

人類進化《じんるいしんか》の不思議《ふしぎ》Q&A《キューアンドエー》

Q オランウータン、ゴリラ、チンパンジーは、すべてナックルウォーキングする。本当《ほんとう》？　ウソ？

A ウソ　ゴリラとチンパンジーはナックルウォーキングするが、オランウータンは地面《じめん》を歩《ある》くとき、手《て》を握《にぎ》って指《ゆび》のつけ根《ね》の外側《そとがわ》を地面《じめん》につけて歩《ある》く。

Q ヒトは他《ほか》のサルに比《くら》べて、脳《のう》の前頭葉《ぜんとうよう》の割合《わりあい》が大《おお》きい。本当《ほんとう》？ ウソ？

A 本当《ほんとう》　前頭葉《ぜんとうよう》は思考力《しこうりょく》や想像力《そうぞうりょく》などをつかさどる、人間《にんげん》が人間《にんげん》らしく生《い》きるための機能《きのう》を備《そな》えた場所《ばしょ》なんだ。

人類進化《じんるいしんか》の不思議《ふしぎ》Q&A《キューアンドエー》

Q オランウータンのオスは、顔《かお》を見《み》ただけで強《つよ》いか弱《よわ》いかが分《わ》かる。本当《ほんとう》？ ウソ？

A 本当《ほんとう》　ケンカに勝《か》ったオスは、顔《かお》の両脇《りょうわき》にあるフランジと呼《よ》ばれる出《で》っぱりが発達《はったつ》する。勝《か》ったことのないオスに、フランジはできないんだ。

ヒトは霊《れい》長《ちょう》類《るい》の一《いち》員《いん》

ヒトはサルとの共通祖先《きょうつうそせん》から分《わ》かれ今《いま》の姿《すがた》へと進化《しんか》した生《い》き物《もの》だ！

すべての生《い》き物《もの》は、体《からだ》の細胞《さいぼう》のなかにDNA《ディーエヌエー》（遺伝情報《いでんじょうほう》）をもっている。そのおかげで子《こ》どもは親《おや》に似《に》て生《う》まれてくる。でもDNA《ディーエヌエー》は、ときどき突然変異《とつぜんへんい》を起《お》こし、親《おや》とは少《すこ》し違《ちが》う子《こ》どもが生《う》まれてくることもある。こうした変異《へんい》が積《つも》って生物《せいぶつ》は進化《しんか》するんだ。私《わたし》たち人類《じんるい》も700万年前頃《まんねんまえごろ》、チンパンジーとの共通祖先《きょうつうそせん》から枝分《えだわ》かれして誕生《たんじょう》した種《しゅ》。生物学的《せいぶつがくてき》には、霊長類《れいちょうるい》に分類《ぶんるい》されるサルの仲間《なかま》なんだよ。

イラスト／山本匠

プレシアダピス

6000万年前頃《まんねんまえごろ》の小型《こがた》ほ乳《にゅう》類《るい》。霊長類《れいちょうるい》の祖先《そせん》に近《ちか》いグループと考《かんが》えられている。

代表的《だいひょうてき》な霊長類《れいちょうるい》

オナガザル科《か》

マンドリル

写真／shutterstock

2500万年前頃出現《まんねんまえごろしゅつげん》した。尻尾《しっぽ》は短《みじか》いが、ニホンザルもこの仲間《なかま》。

曲鼻猿類《きょくびえんるい》

アイアイ

写真／shutterstock

5500万年前頃《まんねんまえごろ》に出現《しゅつげん》した原始的《げんしてき》なサル。顔《かお》に毛《け》が生《は》えている。

ヒト科《か》

チンパンジー

写真／shutterstock

ヒトとチンパンジーは、700万年前頃《まんねんまえごろ》に分岐《ぶんき》した近《ちか》しい種《しゅ》だ。

広鼻猿類《こうびえんるい》

オマキザル

写真／shutterstock

3000万年前頃《まんねんまえごろ》に出現《しゅつげん》したサル。鼻《はな》の穴《あな》が広《ひろ》く離《はな》れているのが特徴《とくちょう》。

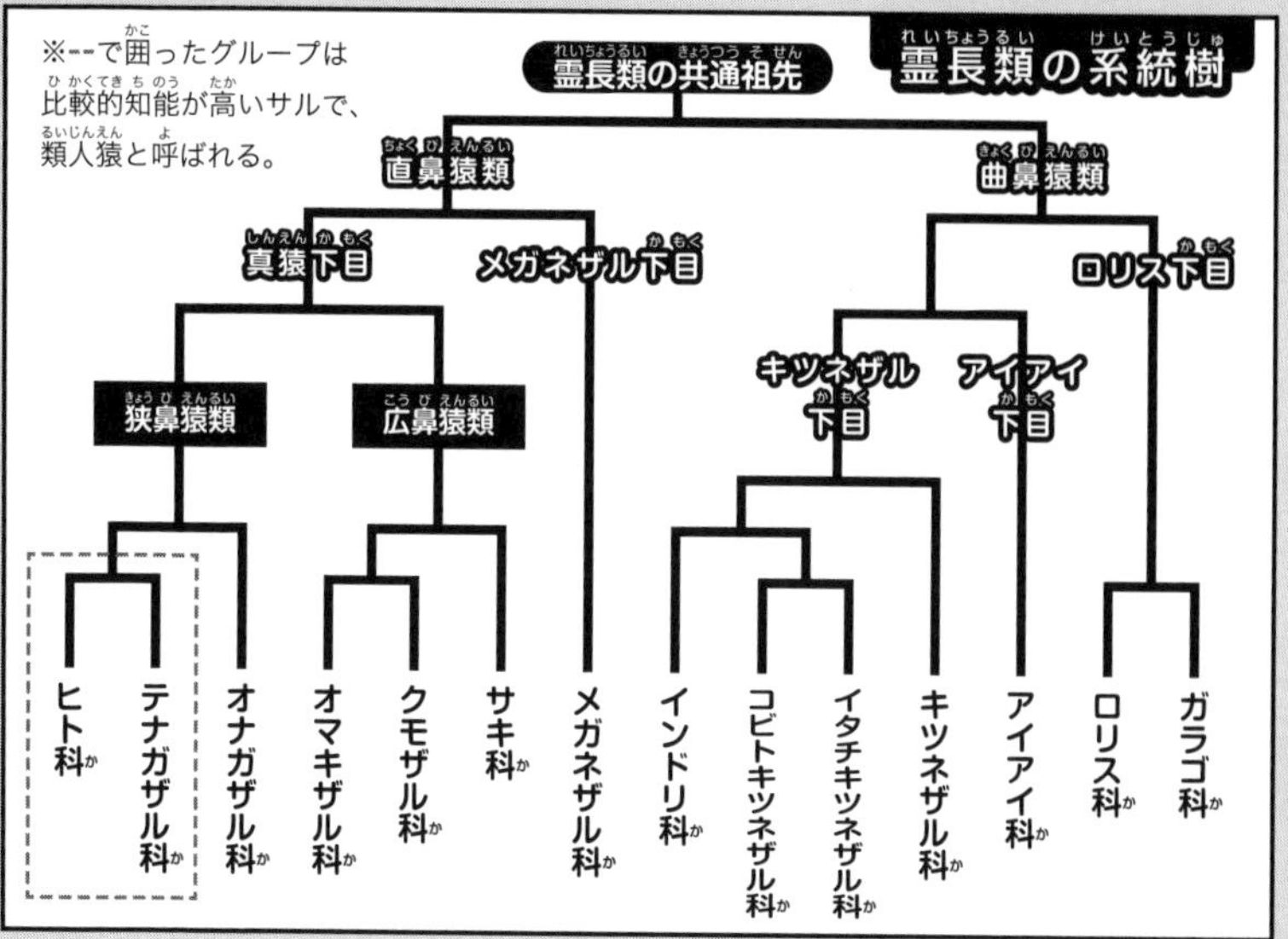
霊長類《れいちょうるい》の系統樹《けいとうじゅ》
※--で囲《かこ》ったグループは比較的知能《ひかくてきちのう》が高《たか》いサルで、類人猿《るいじんえん》と呼《よ》ばれる。
霊長類《れいちょうるい》の共通祖先《きょうつうそせん》
直鼻猿類《ちょくびえんるい》
曲鼻猿類《きょくびえんるい》
真猿下目《しんえんかもく》
メガネザル下目《かもく》
ロリス下目《かもく》
キツネザル下目《かもく》
アイアイ下目《かもく》
狭鼻猿類《きょうびえんるい》
広鼻猿類《こうびえんるい》
ヒト科《か》
テナガザル科《か》
オナガザル科《か》
オマキザル科《か》
クモザル科《か》
サキ科《か》
メガネザル科《か》
インドリ科《か》
コビトキツネザル科《か》
イタチキツネザル科《か》
キツネザル科《か》
アイアイ科《か》
ロリス科《か》
ガラゴ科《か》

2500万年前《まんねんまえ》頃《ごろ》、狭鼻猿類《きょうびえんるい》から類人猿《るいじんえん》の共通祖先《きょうつうそせん》が誕生《たんじょう》した！

上《うえ》の表《ひょう》のように霊長類《れいちょうるい》は大《おお》きな分岐《ぶんき》を繰《く》り返《かえ》して種《しゅ》を増《ふ》やしてきた。私《わたし》たちヒトは約《やく》3000万年前《まんねんまえ》の狭鼻猿《きょうびえん》類《るい》と広鼻猿類《こうびえんるい》の分岐《ぶんき》の後《あと》、狭鼻猿類《きょうびえんるい》のグループから生《う》まれてきた種《しゅ》だ。主《おも》に南米《なんべい》の森林地帯《しんりんちたい》にすむ広鼻猿《こうびえん》類《るい》に対《たい》して、狭鼻猿類《きょうびえんるい》はアジアやアフリカの森林《しんりん》やサバンナ、水辺《みずべ》など、より開《ひら》けた環境《かんきょう》にも適応《てきおう》してきたサルたち。そして約《やく》2500万年前《まんねんまえ》、狭鼻《きょうび》猿類《えんるい》のなかから類人猿《るいじんえん》と呼《よ》ばれる（他《ほか》の霊長類《れいちょうるい》に比《くら》べて）大《おお》きな体《からだ》と脳《のう》をもつサルが現《あらわ》れる。群《む》れのなかでより複雑《ふくざつ》なコミュニケーションがとれる賢《かしこ》いサルが誕生《たんじょう》したんだ。

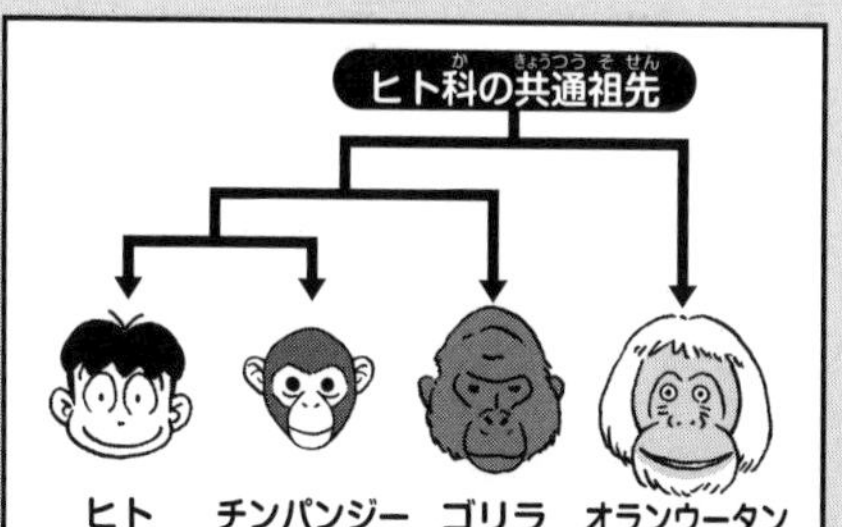
ヒト科《か》の共通祖先《きょうつうそせん》
ヒト
チンパンジー
ゴリラ
オランウータン

▶狭鼻猿類《きょうびえんるい》のなかからより賢《かしこ》い類人《るいじん》猿《えん》が生《う》まれ、やがてヒトへとつながっていくんだ。

イラスト／佐藤諭

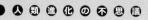

ヒトとサルはどこが違《ちが》うのか？

ヒトは直立二足歩行《ちょくりつにそくほこう》で高《たか》い知能《ちのう》と広大《こうだい》な生息域《せいそくいき》を手《て》に入《い》れた

ヒトとサルのいちばんの違《ちが》いは知能《ちのう》。脳《のう》の容量《ようりょう》は、チンパンジーの3倍《ばい》以上《いじょう》。ヒトがこれだけ大《おお》きな脳《のう》をもてたのは、直立二足歩行《ちょくりつにそくほこう》できるようになったから。その結《けっ》果《か》、背骨《せぼね》が地面《じめん》に対《たい》してほぼ垂直《すいちょく》になり、重《おも》い頭《あたま》を支《ささ》えられるようになった。他《ほか》のサルは首《くび》の骨《ほね》だけで頭《あたま》を支《ささ》えなければならないため、大《おお》きな脳《のう》をもつことができないのだ。直立二足歩行《ちょくりつにそくほこう》でヒトは、自由《じゆう》になった両手《りょうて》で道具《どうぐ》を使《つか》い、脳《のう》をさらに発達《はったつ》させた。また、直立二足歩行《ちょくりつにそくほこう》は長距《ちょうきょ》離《り》移動《いどう》にも適《てき》しているため、生息域《せいそくいき》も広《ひろ》がっていったと考《かんが》えられるんだ。

イラスト／佐藤諭

？

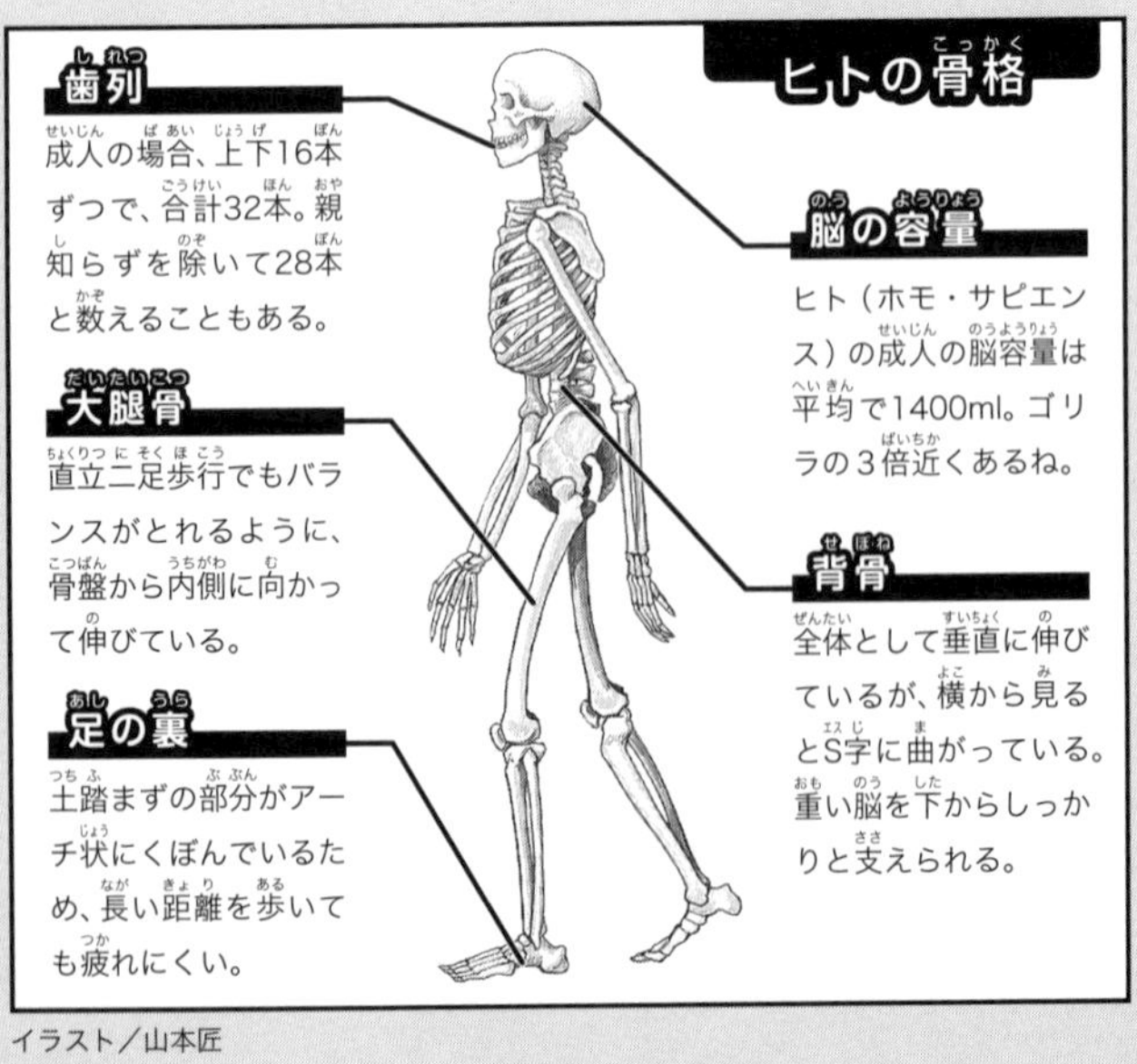
ヒトの骨格《こっかく》
歯列《しれつ》
成人《せいじん》の場合《ばあい》、上下《じょうげ》16本《ぼん》ずつで、合計《ごうけい》32本《ほん》。親《おや》知《し》らずを除《のぞ》いて28本《ぼん》と数《かぞ》えることもある。
脳《のう》の容量《ようりょう》
ヒト（ホモ・サピエンス）の成人《せいじん》の脳容量《のうようりょう》は平均《へいきん》で1400ml。ゴリラの3倍近《ばいちか》くあるね。
大腿骨《だいたいこつ》
直立二足歩行《ちょくりつにそくほこう》でもバランスがとれるように、骨盤《こつばん》から内側《うちがわ》に向《む》かって伸《の》びている。
背骨《せぼね》
全体《ぜんたい》として垂直《すいちょく》に伸《の》びているが、横《よこ》から見《み》るとS字《エスじ》に曲《ま》がっている。重《おも》い脳《のう》を下《した》からしっかりと支《ささ》えられる。
足《あし》の裏《うら》
土踏《つちふ》まずの部分《ぶぶん》がアーチ状《じょう》にくぼんでいるため、長《なが》い距離《きょり》を歩《ある》いても疲《つか》れにくい。

イラスト／山本匠

イラスト／佐藤諭

ホモ・サピエンスは高《たか》いコミュニケーション能力《のうりょく》でさらに繁栄《はんえい》していった！

ヒトが言葉《ことば》を話《はな》せるのも、他《ほか》のサルとの大《おお》きな違《ちが》いのひとつ。声《こえ》は息《いき》で声帯《せいたい》を震《ふる》わせ、のどで共鳴《きょうめい》させて出《だ》すものだが、ヒトは直立二足歩行《ちょくりつにそくほこう》でのどの奥《おく》の空間《くうかん》が広《ひろ》がり言葉《ことば》を話《はな》せるようになったと考《かんが》えられている。特《とく》に私《わたし》たちホモ・サピエンスは複雑《ふくざつ》な発音《はつおん》に適《てき》したのどの構造《こうぞう》をしている。ヒトは原始《げんし》の時代《じだい》から集団《しゅうだん》でくらしてきた生《い》き物《もの》。狩《か》りや分担作業《ぶんたんさぎょう》の取《と》り決《き》めなど、さまざまな場《ば》面《めん》で高《たか》いコミュニケーション能力《のうりょく》が力《ちから》になり、繁栄《はんえい》に役《やく》立《だ》ってきたはずだ。

▲高《たか》いコミュニケーション能力《のうりょく》は、知識《ちしき》の共有《きょうゆう》や、作業《さぎょう》の分担《ぶんたん》に欠《か》かせないよね。

ゴリラの骨格《こっかく》

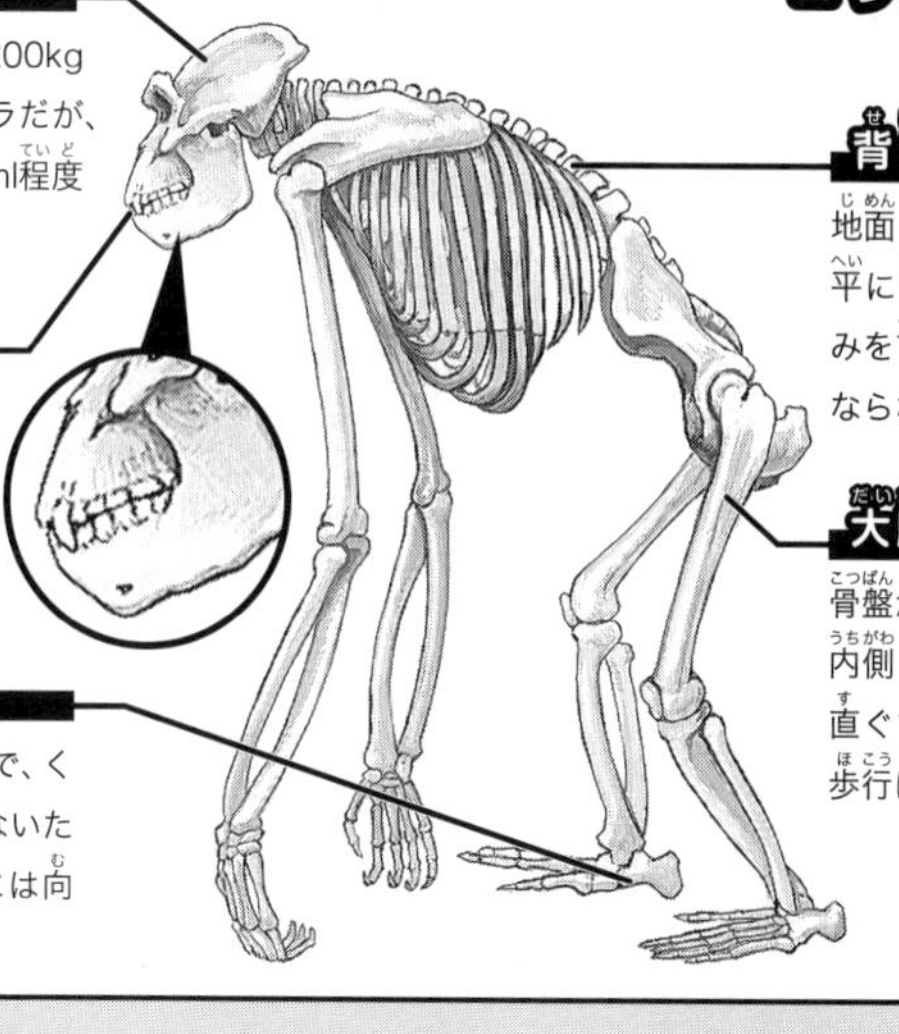
脳《のう》の容量《ようりょう》
オスで体重《たいじゅう》が200kg近《ちか》くもあるゴリラだが、脳《のう》の容量《ようりょう》は500ml程度《ていど》しかない。
歯列《しれつ》
人間《にんげん》と同《おな》じ上下《じょうげ》32本《ほん》だが、犬歯《けんし》は非常《ひじょう》に鋭《するど》く、大《おお》きい。
足《あし》の裏《うら》
いわゆる偏平足《へんぺいそく》で、くぼみがほとんどないため、長距離移動《ちょうきょりいどう》には向《む》いていない。
背骨《せぼね》
地面《じめん》に対《たい》して背骨《せぼね》が水平《すいへい》に近《ちか》いため、頭《あたま》の重《おも》みを首《くび》で支《ささ》えなくてはならない。
大腿骨《だいたいこつ》
骨盤《こつばん》からヒトのように内側《うちがわ》に向《む》かわず、真《ま》っ直《す》ぐである。直立二足歩行《ちょくりつにそくほこう》には向《む》いていない。

イラスト／山本匠

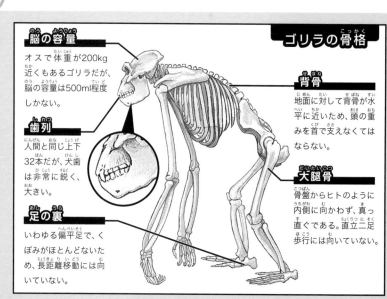

ヒトはいつからヒトになったのか？

約《やく》700万年前《まんねんまえ》、チンパンジーとの共通祖先《きょうつうそせん》と分《わ》かれてヒトが誕生《たんじょう》した

6600万年《まんねん》前《まえ》に恐竜《きょうりゅう》が絶滅《ぜつめつ》して以降《いこう》、ほ乳《にゅう》類《るい》の時代《じだい》が到来《とうらい》。霊長類《れいちょうるい》の祖先《そせん》も進化《しんか》していった。そして700万《まん》年前頃《ねんまえごろ》ついにサヘラントロプス・チャデンシスが登場《とうじょう》する。頭部化石《とうぶかせき》しか見《み》つかっていないこの最初《さいしょ》のヒトの脳容量《のうようりょう》はチンパンジー程度《ていど》。だが脳《のう》を支《ささ》え、二足歩行《にそくほこう》を可《か》能《のう》にする垂直《すいちょく》に伸《の》びた背骨《せぼね》をもっていたらしい。これによってサルと区別《くべつ》され、最初《さいしょ》のヒトだと言《い》われているんだ。

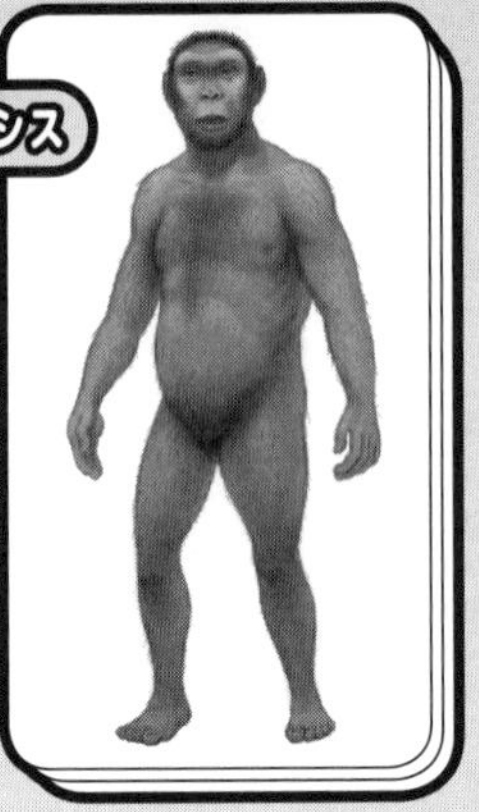

イラスト／山本匠

サヘラントロプス・チャデンシス

詳《くわ》しいことがわかっていない最初《さいしょ》期《き》の猿人《えんじん》。別名《べつめい》のトゥーマイ猿人《えんじん》は「生命《せいめい》の希望《きぼう》」という意味《いみ》。

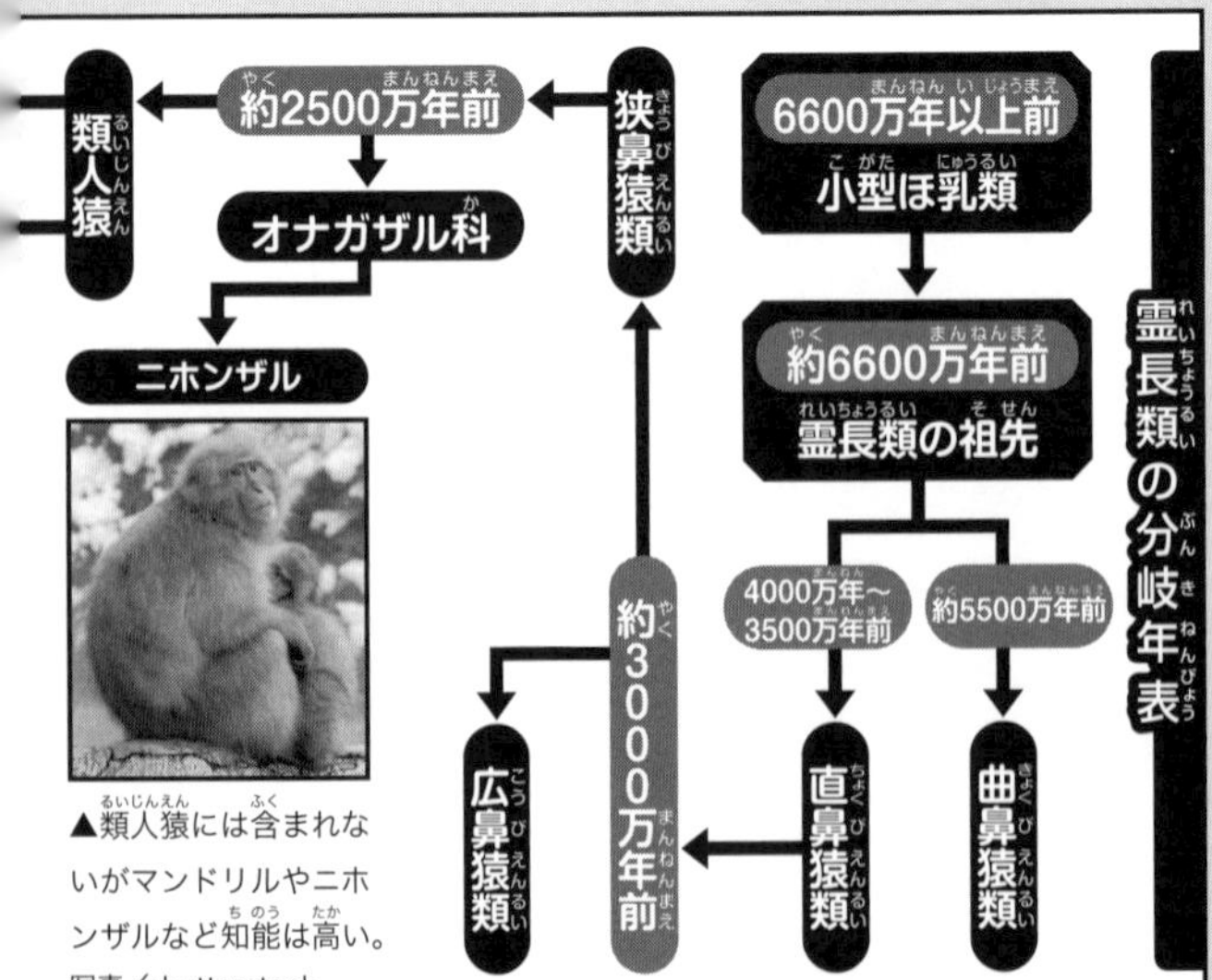

▲類人猿《るいじんえん》には含《ふく》まれないがマンドリルやニホンザルなど知能《ちのう》は高《たか》い。
写真／shutterstock

700万年《まんねん》の間《あいだ》にヒトのなかまは20種類《しゅるい》以上《いじょう》いた！

サヘラントロプス以降《いこう》、ヒトのなかまは20種《しゅ》以上存在《いじょうそんざい》した。180万年前頃《まんねんまえごろ》にいたホモ・エレクトスのように、私《わたし》たちホモ・サピエンスにつながる種《しゅ》だけでなく、絶滅《ぜつめつ》してしまった種《しゅ》もあったらしい。現在《げんざい》、地球上《ちきゅうじょう》に存在《そんざい》するヒトはすべてホモ・サピエンス。別種《べっしゅ》のヒトが今《いま》も生《い》きていたら世界《せかい》はどんなふうになっていたんだろう？

特別《とくべつ》コラム そもそも生物《せいぶつ》はどうして進化《しんか》するのか？

生物《せいぶつ》は、DNA《ディーエヌエー》に従《したが》って子孫《しそん》を残《のこ》す。だがDNA《ディーエヌエー》が突然変異《とつぜんへんい》を起《お》こすと、親《おや》とは違《ちが》う特徴《とくちょう》をもつ子《こ》が生《う》まれる。それがたまたま、より環境《かんきょう》に適応《てきおう》していた場合《ばあい》、その新《あたら》しい種《しゅ》が長《なが》いときをかけ、次第《しだい》に繁栄《はんえい》していく。これが種《しゅ》の枝分《えだわ》かれとか進化《しんか》と呼《よ》ばれる現象《げんしょう》だ。

◀直立二足歩行《ちょくりつにそくほこう》した初期《しょき》のヒトが繁栄《はんえい》したのは、両手《りょうて》を自由《じゆう》に使《つか》えたからかも？

イラスト／佐藤諭

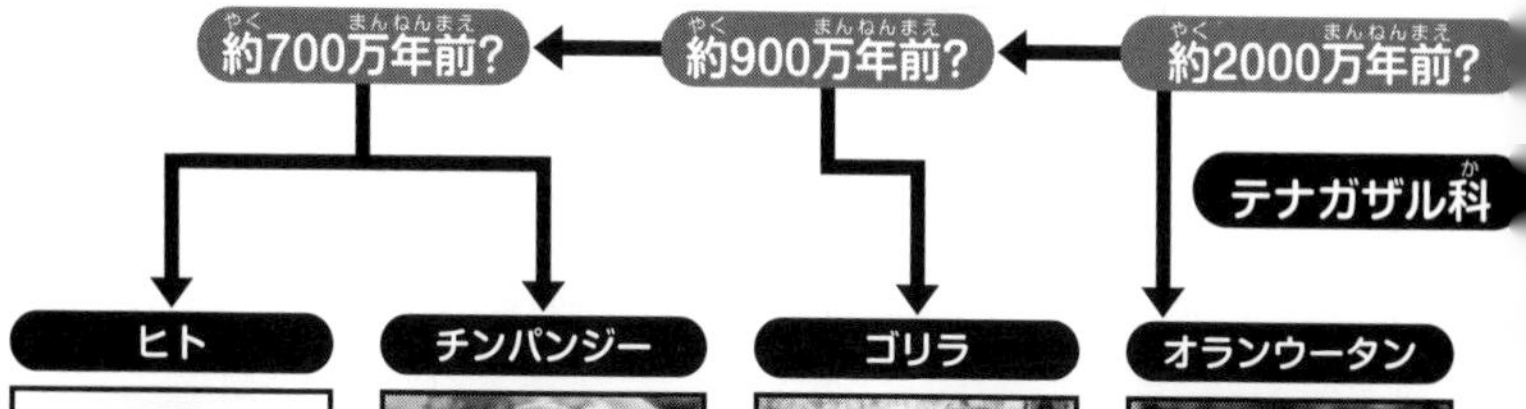
約《やく》2000万年前《まんねんまえ》？
約《やく》900万年前《まんねんまえ》？
約《やく》700万年前《まんねんまえ》？
テナガザル科《か》
ヒト
チンパンジー
ゴリラ
オランウータン

▲誕生《たんじょう》から約《やく》700万年《まんねん》で現在《げんざい》の私《わたし》たちにまで進化《しんか》した。

イラスト／佐藤諭

▲遺伝子《いでんし》の全情報《ぜんじょうほう》の98%以上《いじょう》が一致《いっち》する、最《もっと》もヒトに近《ちか》いサル。

写真／shutterstock

▲大型《おおがた》の類人猿《るいじんえん》。オス1頭《とう》が複数《ふくすう》のメスと子《こ》どもを従《したが》えてくらす。

写真／shutterstock

▲アジアに生息《せいそく》する大型類人猿《おおがたるいじんえん》。名前《なまえ》は「森《もり》の人《ひと》」という意味《いみ》だ。

写真／shutterstock

うら山《やま》のウサギ怪獣《かいじゅう》

やあ、かわいいな。
あ、逃《に》げた！
だめよ、大《おお》きな声《こえ》出《だ》しちゃ。
野生《やせい》のウサギってはじめて見《み》た。
この近《ちか》くに巣《す》があるのね。
子《こ》ウサギが無事《ぶじ》に育《そだ》つといいわね。
ときどきそっと見《み》にこようね。
うそつけ!!
学校《がっこう》のうら山《やま》にウサギなんて。
見《み》たんだよ。
そんならウサギ狩《が》りをやろうぜ!!
よせよ！やめろよ!!
なんだよ自分《じぶん》のウサギでもないくせに。

人類《じんるい》進化《しんか》の不思議《ふしぎ》Q&A《キューアンドエー》

Q チンパンジーから分岐《ぶんき》した動物《どうぶつ》、ボノボは、チンパンジーより大《おお》きくて凶暴《きょうぼう》だ。本当《ほんとう》？　ウソ？

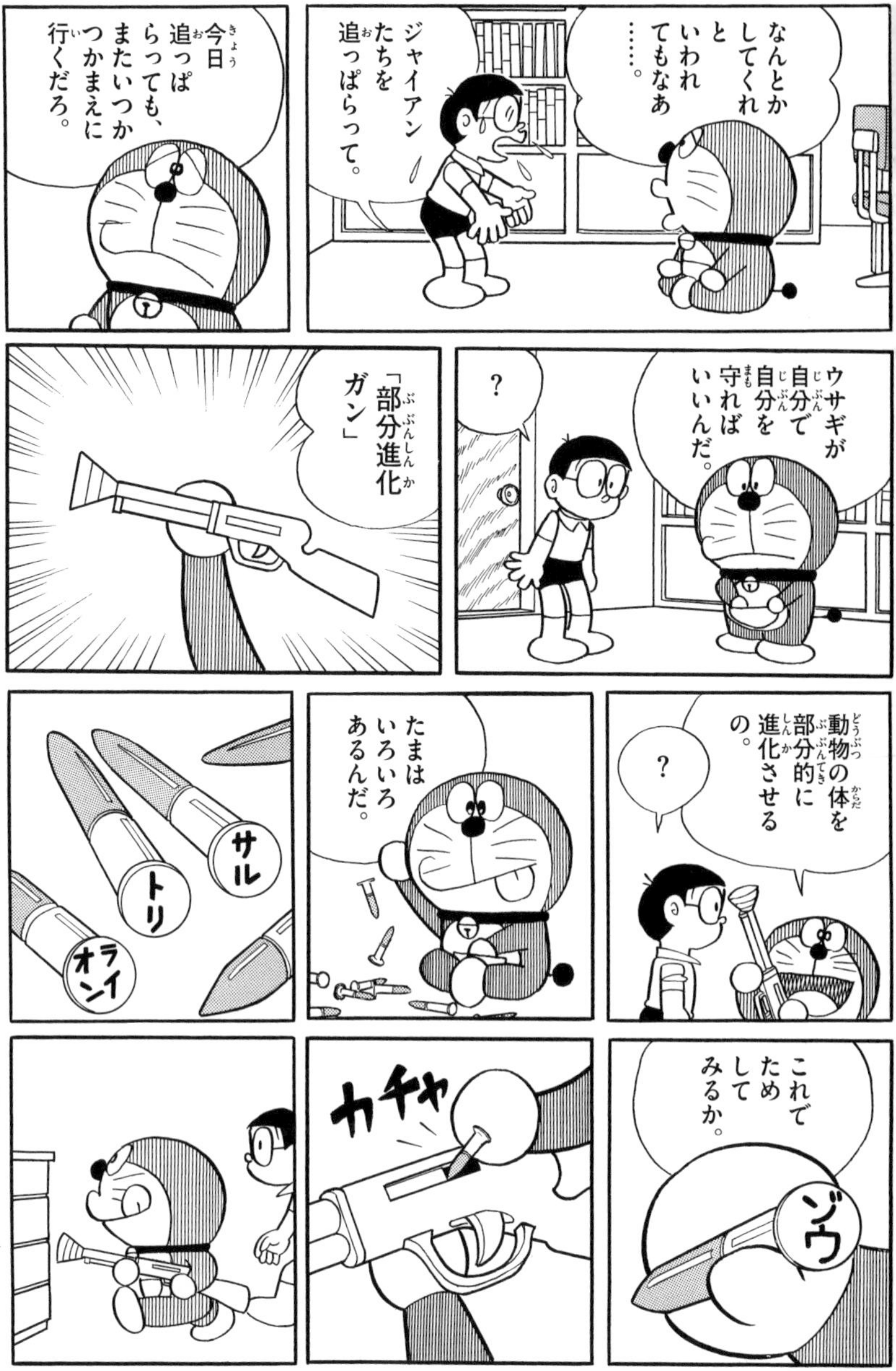

A ウソ　チンパンジーよりも小柄《こがら》。また群《む》れ内部《ないぶ》での序列争《じょれつあらそ》いが激《はげ》しいチンパンジーに対《たい》して、ボノボはほとんど争《あらそ》わないことで知《し》られている。

人類進化《じんるいしんか》の不思議《ふしぎ》Q&A《キューアンドエー》

Q ヒトが体毛《たいもう》を失《うしな》ったのは、その時代《じだい》、地球《ちきゅう》が温暖《おんだん》だったため。本当《ほんとう》? ウソ?

A ウソ　ヒトが現《あらわ》れた700万年前以降《まんねんまえいこう》は、地球史《ちきゅうし》の中《なか》では寒《さむ》い時代《じだい》といえる。だから、ヒトが体毛《たいもう》を失《うしな》った本当《ほんとう》の理由《りゆう》は、今《いま》も謎《なぞ》のままなんだ。

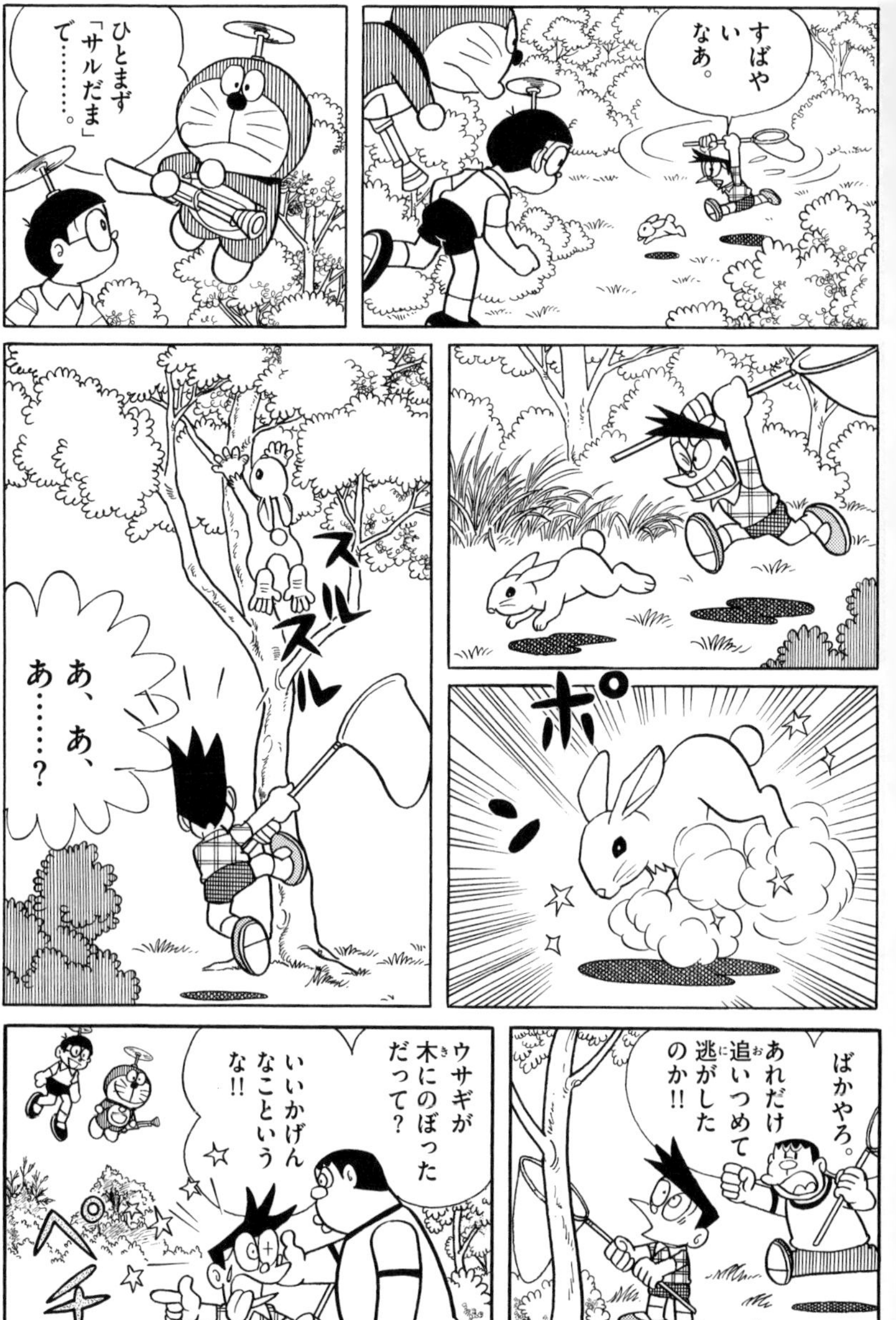

人類《じんるい》進化《しんか》の不思議《ふしぎ》Q&A《キューアンドエー》

Q 猿人《えんじん》の中《なか》でも頑丈型《がんじょうがた》と呼《よ》ばれる猿人《えんじん》は、大男《おおおとこ》みたいな猿人《えんじん》だった。本当《ほんとう》? ウソ?

A ウソ　頑丈《がんじょう》だったのは歯《は》や顎《あご》など食《た》べ物《もの》をかむための部分《ぶぶん》だけだったようだよ。

ガオ
ギャア…
ほんとに見《み》たんだぞふたりで。
手足《てあし》がサルで羽《はね》がはえて顔《かお》がライオンのウサギ!!
とうぶんウサギたちは平和《へいわ》にくらせると思《おも》うよ。

人類《じんるい》のルーツを探《さぐ》ってみよう！

ほ乳類《にゅうるい》は約《やく》2億年前《おくねんまえ》に単弓類《たんきゅうるい》から枝分《えだわ》かれして誕生《たんじょう》した

イラスト／菊谷詩子

ディメトロドン

3億年近《おくねんちか》く前《まえ》に生息《せいそく》した、最《もっと》も有名《ゆうめい》な肉食《にくしょく》の単《たん》弓類《きゅうるい》だ。

ヒトのルーツを、順《じゅん》を追《お》って見《み》てみよう。地上《ちじょう》のせきつい動物《どうぶつ》の祖先《そせん》は4億年近《おくねんちか》く前《まえ》に現《あらわ》れた両生類《りょうせいるい》。約《やく》3億年前《おくねんまえ》、その一部《いちぶ》が単弓類《たんきゅうるい》（頭骨《とうこつ》の目《め》の後《うし》ろに穴《あな》が左右《さゆう》がひとつずつある種《しゅ》）に進化《しんか》した。そして約《やく》2億年前《おくねんまえ》、単弓類《たんきゅうるい》から最《さい》初《しょ》のほ乳類《にゅうるい》が誕生《たんじょう》したんだ。

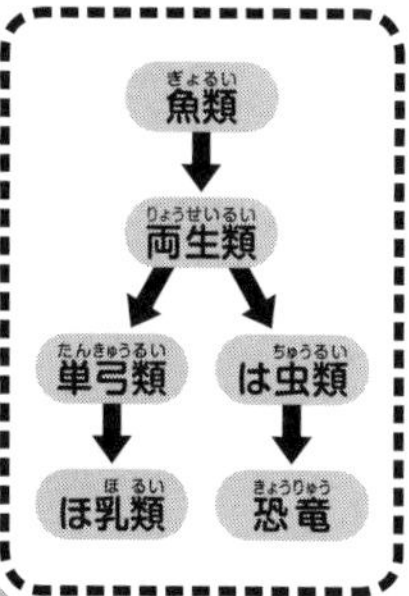

約《やく》6600万年前《まんねんまえ》に恐竜《きょうりゅう》が絶滅《ぜつめつ》してほ乳類《にゅうるい》の時代《じだい》が到来《とうらい》した！

単弓類《たんきゅうるい》から少《すこ》し遅《おく》れて、両生類《りょうせいるい》から進化《しんか》した別《べつ》のグループがあった。は虫類《ちゅうるい》だ。しばらくの間《あいだ》、両者《りょうしゃ》はともに栄《さか》えていたが、2億年前頃《おくねんまえごろ》から単弓類《たんきゅうるい》は多《おお》くが絶滅《ぜつめつ》。その後《ご》、は虫類《ちゅうるい》のなかから現《あらわ》れた恐竜《きょうりゅう》の勢《いきお》いに押《お》されるように、滅亡《めつぼう》してしまうんだ。

一方《いっぽう》、単弓類《たんきゅうるい》から分岐《ぶんき》したほ乳類《にゅうるい》の祖先《そせん》はネズミのように小《ちい》さな体《からだ》と夜《よる》に活動《かつどう》することで恐竜《きょうりゅう》の時代《じだい》をしたたかに生《い》き残《のこ》る。そして約《やく》6600万年前《まんねんまえ》、突然滅亡《とつぜんめつぼう》した恐竜《きょうりゅう》たち（地球《ちきゅう》に巨大隕石《きょだいいんせき》が衝突《しょうとつ》したためと考《かんが》えられている）に代《か》わって、地上《ちじょう》で大繁栄《だいはんえい》していくのだ。

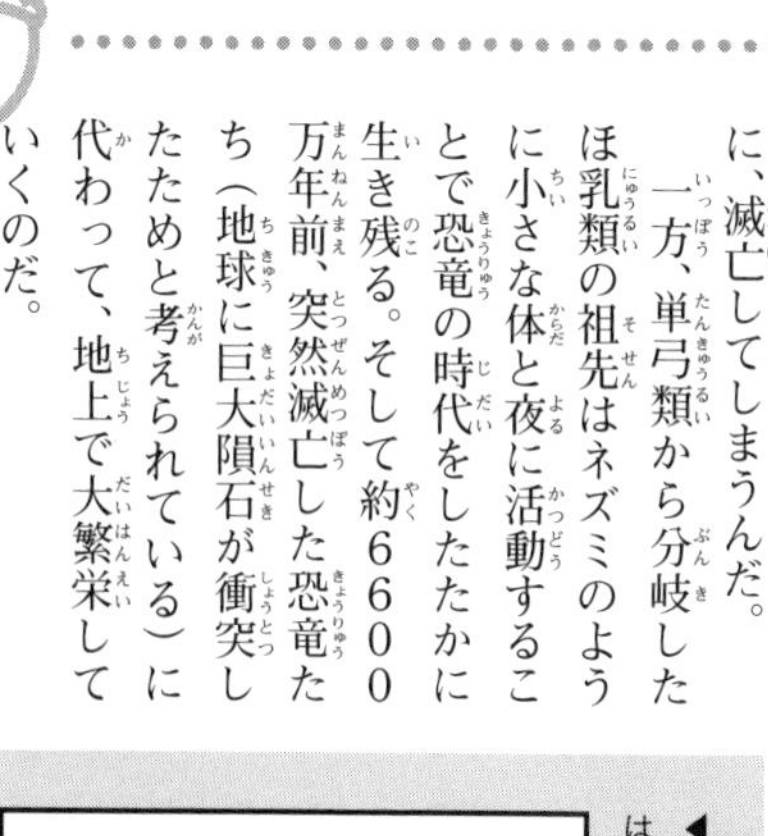

◀恐竜《きょうりゅう》と同時代《どうじだい》に生《い》きたほ乳類《にゅうるい》は、生態系《せいたいけい》の弱者《じゃくしゃ》だったようだ。

イラスト／佐藤 諭

霊長類《れいちょうるい》はいつ どこで誕生《たんじょう》したのか？

約《やく》6600万年前《まんねんまえ》、原始《げんし》ほ乳類《にゅうるい》が霊長類《れいちょうるい》へと進化《しんか》した！

ほ乳類《にゅうるい》のなかから、霊長《れいちょう》類《るい》の共通祖先《きょうつうそせん》が誕生《たんじょう》したのはいつなのか？ 諸説《しょせつ》あるが、遅《おそ》くとも約《やく》6600万《まん》年前《ねんまえ》には現《あらわ》れていたようだ。この頃《ころ》のほ乳類《にゅうるい》のなかに、木登《きのぼ》りに適《てき》したツメをもつものがいたのだ。昆虫《こんちゅう》や木《き》の実《み》を食《た》べていたらしいプレシアダピス類《るい》の原始《げんし》ほ乳《にゅう》類《るい》で、霊長類《れいちょうるい》の祖先《そせん》に近《ちか》いグループとされる。初期霊長類《しょきれいちょうるい》は、木《き》の上《うえ》でくらすことで手足《てあし》や脳《のう》が発達《はったつ》。約《やく》5500万年前《まんねんまえ》には、アダピス類《るい》やオモミス類《るい》という現在《げんざい》の霊長類《れいちょうるい》に近《ちか》い種《しゅ》が現《あらわ》れた。

イラスト／加藤貴夫

プルガトリウス

プレシアダピスの仲間《なかま》。カギのような鋭《するど》いツメをもっていた。

アダピス類《るい》

ノタルクトゥス

約《やく》5500万年前《まんねんまえ》、ヨーロッパや北《きた》アメリカに生息《せいそく》した初期霊長類《しょきれいちょうるい》。

↓

曲鼻猿類《きょくびえんるい》

ロリス類《るい》やキツネザルなど、直鼻猿類《ちょくびえんるい》に比《くら》べて原始的《げんしてき》といわれるサルのグループ。

オモミス類《るい》

ネクロレムール

ノタルクトゥスと同《どう》時期《じき》、北《きた》アメリカに生《せい》息《そく》した初期霊長類《しょきれいちょうるい》。

←

直鼻猿類《ちょくびえんるい》

メガネザルや広鼻猿《こうびえん》類《るい》、狭鼻猿類《きょうびえんるい》につながるサルのグループ。

↓

広鼻《こうび》猿類《えんるい》

狭鼻猿類《きょうびえんるい》

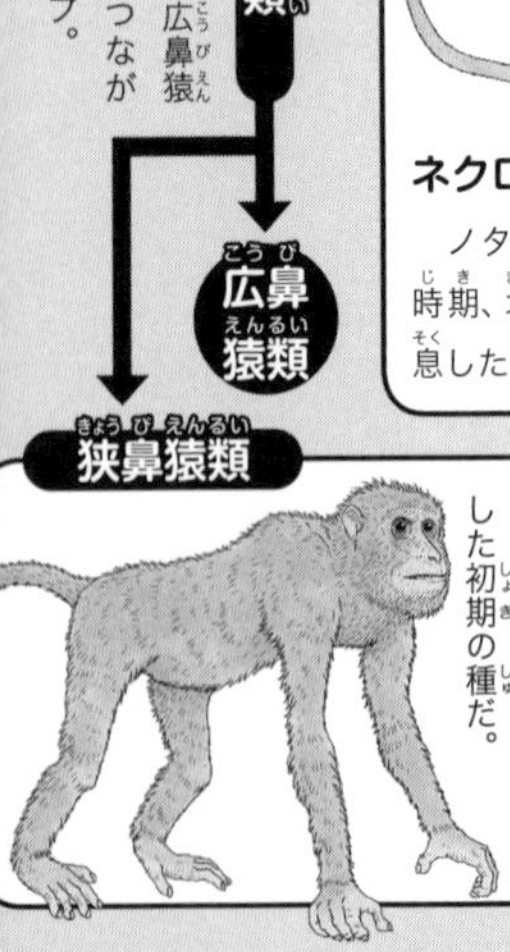

エジプトピテクス

ヒトへつながる狭鼻猿《きょうびえん》類《るい》。エジプトピテクスは、約《やく》3000万年前《まんねんまえ》に生息《せいそく》した初期《しょき》の種《しゅ》だ。

イラスト／加藤貴夫

霊長類《れいちょうるい》はどこで生《う》まれたのか？

プレシアダピス類《るい》は、真《しん》の霊長類《れいちょうるい》ではないとの意見《いけん》も多《おお》く、「偽霊長類《ぎれいちょうるい》」などと呼《よ》ばれるのに対《たい》し、アダピス類《るい》やオモミス類《るい》は形態的《けいたいてき》にも明《あき》らかに霊長類《れいちょうるい》に含《ふく》まれることから、「真霊長類《しんれいちょうるい》」と呼《よ》ばれる。アダピス類《るい》やオモミス類《るい》の化石《かせき》は約《やく》5500万年前《まんねんまえ》以降《いこう》のヨーロッパ・北米《ほくべい》・アジアから発見《はっけん》されるのだが、この時点《じてん》で霊長類《れいちょうるい》の特徴《とくちょう》がはっきりと備《そな》わっていることから、霊長類《れいちょうるい》の起源《きげん》はもっと前《まえ》にさかのぼるのではないか、という意見《いけん》もあるんだ。一方《いっぽう》、近年盛《きんねんさか》んなDNA《ディーエヌエー》の研究者《けんきゅうしゃ》によれば、霊長類《れいちょうるい》とほかの現生《げんせい》ほ乳類《にゅうるい》との分岐《ぶんき》は恐竜時代《きょうりゅうじだい》の8500万年前《まんねんまえ》くらいまでさかのぼる、と主張《しゅちょう》している。はたして霊長《れいちょう》類《るい》はいつ、どこで生《う》まれたのだろうか？

「インド亜大陸《あたいりく》ノアの箱舟説《はこぶねせつ》」はそれを説明《せつめい》する仮説《かせつ》のひとつだ。インドはかつてゴンドワナと呼《よ》ばれた超大《ちょうたい》陸《りく》の一部《いちぶ》であり、多《おお》くの原猿類《げんえんるい》がすむことで有名《ゆうめい》なマダガスカル島《とう》とも陸続《りくつづ》きだった。インドこそが霊長類《れいちょうるい》の起《き》源《げん》の地《ち》であり、その後《ご》、大陸移動《たいりくいどう》によって北上《ほくじょう》してアジアとつながったことで、アジアにも真霊長類《しんれいちょうるい》が進《しん》入《にゅう》したという説《せつ》だ。マダガスカルの原猿類《げんえんるい》の起源《きげん》も同時《どうじ》に説明《せつめい》できるので有力《ゆうりょく》な説《せつ》であったが、霊《れい》長類《ちょうるい》に最《もっと》も近縁《きんえん》な現生《げんせい》のグループがいずれもアジアにしかいないことや、化石《かせき》の証拠《しょうこ》もあまり見《み》つからないことから、最近《さいきん》ではあまり支持《しじ》されなくなっているんだ。

1億《おく》2000万年前《まんねんまえ》の地図《ちず》

▲インドとマダガスカルは、この頃《ころ》にはゴンドワナ超大陸《ちょうたいりく》から離《はな》れつつあった。

7500万年前《まんねんまえ》の地図《ちず》

▲その後《ご》、マダガスカルとも離《はな》れたインドは北上《ほくじょう》し、4000〜5000万年前《まんねんまえ》に南《みなみ》アジアに達《たっ》した。

イラスト／加藤貴夫

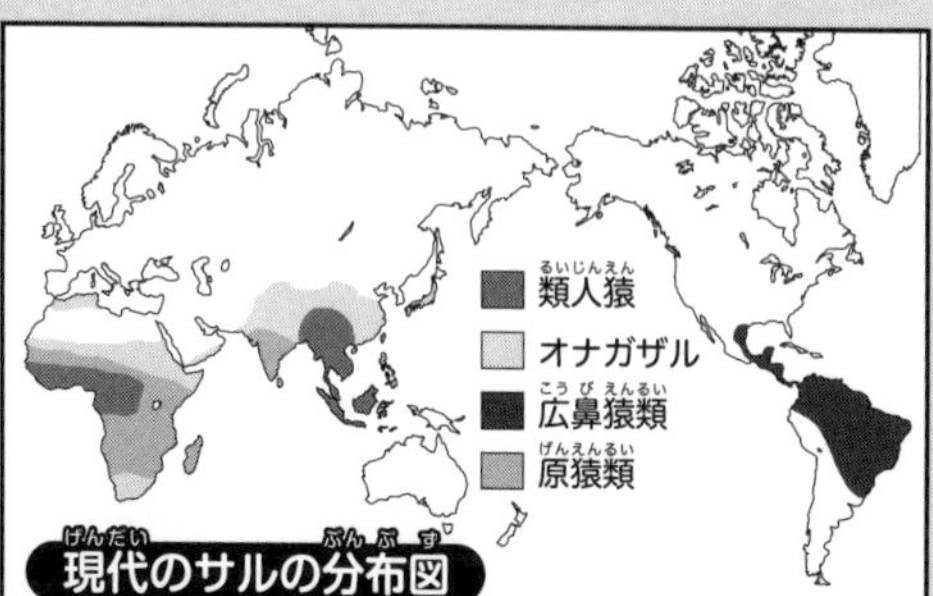

現代《げんだい》のサルの分布図《ぶんぷず》

約《やく》2500万年前《まんねんまえ》 ついに類人猿《るいじんえん》が出現《しゅつげん》した!!

ヒトに進化《しんか》していった狭鼻猿類《きょうびえんるい》と ヒトに進化《しんか》しなかった広鼻猿類《こうびえんるい》

現在《げんざい》、中南米《ちゅうなんべい》の森林《しんりん》にすむ広鼻猿類《こうびえんるい》。彼《かれ》らの祖先《そせん》は3500万年前頃《まんねんまえごろ》、アフリカから大西洋《たいせいよう》を越《こ》えて南米大《なんべいたい》陸《りく》に渡《わた》ったとされている。その後《ご》、広鼻猿類《こうびえんるい》は、南米《なんべい》の森《しん》林《りん》地帯《ちたい》でゆるやかな進化《しんか》をとげる。

一方《いっぽう》アフリカに残《のこ》った狭鼻猿類《きょうびえんるい》の祖先《そせん》は、サバンナなど、より多様《たよう》な環境《かんきょう》で、ときに生存競争《せいぞんきょうそう》に勝《か》ち抜《ぬ》くために大型化《おおがたか》し、知能《ちのう》を発達《はったつ》させていったのかもしれない。

Minden Pictures/amanaimages

広鼻猿類《こうびえんるい》とは

◀鼻《はな》の穴《あな》の間《あいだ》が広《ひろ》く、離《はな》れているのが特徴《とくちょう》だ。

狭鼻猿類《きょうびえんるい》とは

◀鼻《はな》の穴《あな》の間《あいだ》が狭《せま》く、下向《したむ》き。広鼻猿類《こうびえんるい》に比《くら》べ、比較的大柄《ひかくてきおおがら》。

Yuga Kurita/a.collectionRF/amanaimages

最初《さいしょ》の類人猿《るいじんえん》はアフリカ大陸《たいりく》で誕生《たんじょう》した

ヒトを含《ふく》めた類人猿《るいじんえん》(学術的《がくじゅつてき》にはホミノイドという)とは、霊長類《れいちょうるい》のなかでも高《たか》い知能《ちのう》と一定《いってい》の社会性《しゃかいせい》をもつ種《しゅ》のこと。ヒト、チンパンジー、ゴリラ、オランウータン、そしてテナガザルのなかまを指《さ》している。この最《もっと》も進化《しんか》した霊長類《れいちょうるい》たちの共通祖先《きょうつうそせん》が現《あらわ》れたのは、3000〜2500万年前《まんねんまえ》のことと考《かんが》えられている。共通祖先《きょうつうそせん》と思《おも》われる最《もっと》も古《ふる》い化石《かせき》が、ケニア北部《ほくぶ》で発掘《はっくつ》されたことから、アフリカで誕生《たんじょう》したとされているぞ。

イラスト/山本 匠

プロコンスル

約《やく》2000万年前《まんねんまえ》に生息《せいそく》した。尾《お》がないことなどから、最《さい》初期《しょき》の類人猿《るいじんえん》とされる。

イラスト／加藤貴夫

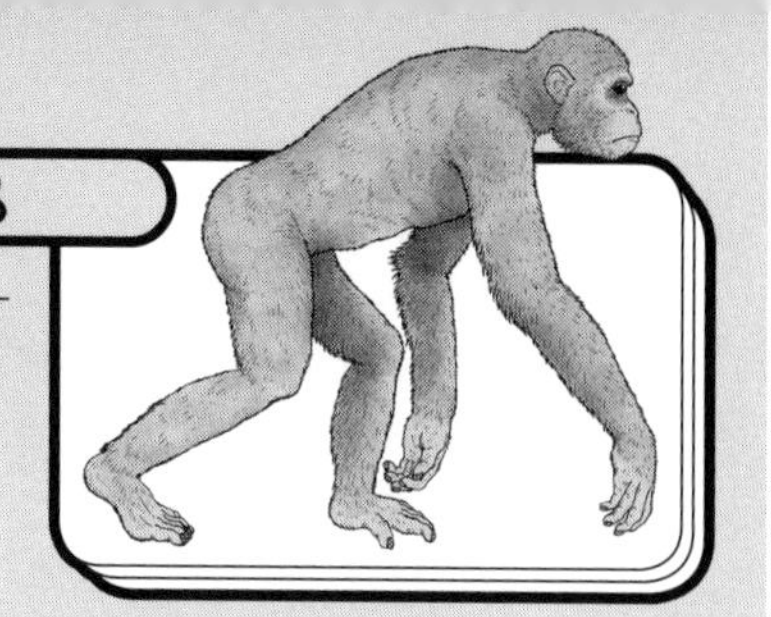

ドリオピテクス

プロコンスルのなかま。オランウータンなどの祖先《そせん》と考《かんが》えられている。

現代《げんだい》の類人猿《るいじんえん》に直接《ちょくせつ》つながる祖先《そせん》の候補《こうほ》とは？

現在《げんざい》、類人猿《るいじんえん》が生息《せいそく》しているのは（ヒトを除《のぞ》くと）東南《とうなん》アジアとアフリカだけ。だが、2000〜1000万年前《まんねんまえ》には、初期類人猿《しょきるいじんえん》は世界《せかい》に広《ひろ》く分布《ぶんぷ》していたようでヨーロッパや南《みなみ》アジア、中国《ちゅうごく》などからも化石《かせき》が見《み》つかっている。プロコンスル以外《いがい》にも、さまざまな種《しゅ》がいたらしい。では、どの種《しゅ》が現在《げんざい》の類人猿《るいじんえん》の祖先《そせん》なのかというと実《じつ》はよくわかっていない。800〜700万年前頃《まんねんまえごろ》、ヒマラヤ山脈《さんみゃく》やチベット高原《こうげん》が隆起《りゅうき》したことで世界《せかい》の気候《きこう》は激変《げきへん》。その影響《えいきょう》で森林性《しんりんせい》の類人猿《るいじんえん》は衰退《すいたい》。この頃《ころ》の化石《かせき》がほとんど見《み》つかっていないのだ。そのため、現在《げんざい》とのつながりがよくわからないんだ。

特別《とくべつ》コラム

類人猿《るいじんえん》の移動《いどう》の仕方《しかた》を比《くら》べてみると…

類人猿《るいじんえん》の移動方法《いどうほうほう》はブラキエーション、ナックルウォーキング、直立二足歩行《ちょくりつにそくほこう》の3つに分《わ》けられる。以前《いぜん》は、進化《しんか》にともなって移動方法《いどうほうほう》も徐々《じょじょ》に進化《しんか》したと考《かんが》えられていたが、今《いま》はそれぞれの種《しゅ》が独自《どくじ》にあみ出《だ》した移動方法《いどうほうほう》と考《かんが》えられているよ。

▲ 直立二足歩行《ちょくりつにそくほこう》

両足《りょうあし》のみで歩《ある》くヒトだけの移動方法《いどうほうほう》。知能《ちのう》の発達《はったつ》と、生息域《せいそくいき》の拡大《かくだい》に役立《やくだ》った。

▲ ナックルウォーキング

拳《こぶし》を地面《じめん》につける、ゴリラなど大型類人猿《おおがたるいじんえん》の歩《ある》き方《かた》。長距離移動《ちょうきょりいどう》には向《む》かない。

▲ ブラキエーション

腕渡《うでわた》りともいう。テナガザルなどの小型類人猿《こがたるいじんえん》が使《つか》う、木《き》の上《うえ》での移動方法《いどうほうほう》。

イラスト／佐藤 諭

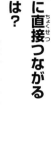

キングコング

ヒ〜〜〜、荷物《にもつ》が多《おお》すぎた。

ぼくらなんにもないから楽《らく》だよねえ。

ねえ。

のびちゃんたちおべんとうは持《も》って来《こ》なかったの。

腹《はら》ぺこになってもわけてやらないぞ。

いらないもんねー。

なしとりんごとバナナとおにぎりとサンドイッチとゆでたまごとチョコとキャンデーとガムを持《も》ってきたもんねえ。

?

?

もたもたしないで早《はや》く登《のぼ》ろうよ。

ヤッホー

人類進化《じんるいしんか》の不思議《ふしぎ》Q&A《キューアンドエー》

Q ラミダス猿人《えんじん》は、オスとメスの身体《からだ》の大《おお》きさはほぼ同《おな》じ。本当《ほんとう》？　ウソ？

A 本当《ほんとう》　ただし、アファール猿人《えんじん》はオスの方《ほう》がかなり大《おお》きいよ。

人類《じんるい》進化《しんか》の不思議《ふしぎ》Q&A《キューアンドエー》

Q ヒトに一番《いちばん》近《ちか》い動物《どうぶつ》は？

①チンパンジー ②ゴリラ ③オランウータン

A ①チンパンジー　およそ600万年《まんねん》～700万年前《まんねんまえ》に、チンパンジーとの共通祖先《きょうつうそせん》から分《わ》かれて類人猿《るいじんえん》へと進化《しんか》した。

?
ぴか
むくむく
サルが大《おお》きくなるほうのボタンを押《お》したんだ。
へえっ、キングコングが2匹《ひき》も出《で》たの。
あんな写真《しゃしん》を撮《と》ったのはだれだっ。

直立二足歩行《ちょくりつにそくほこう》は森《もり》のなかではじまった!?

人類最古《じんるいさいこ》の化石《かせき》はアフリカ中部《ちゅうぶ》で発見《はっけん》された

4～5ページの図《ず》にあるように、人類《じんるい》の進化《しんか》の段階《だんかい》は「初期猿人《しょきえんじん》」「猿人《えんじん》」「原人《げんじん》」「旧人《きゅうじん》」「新人《しんじん》」の5つに分《わ》けることができる。

これらの人類《じんるい》の化石《かせき》のうち、最《もっと》も時代《じだい》が古《ふる》いのは、約《やく》700万年前《まんねんまえ》のサヘラントロプス・チャデンシスだ。これはチンパンジーとの共通祖先《きょうつうそせん》から分《わ》かれた直後《ちょくご》の初期《しょき》猿人《えんじん》で、2001年《ねん》にアフリカのチャドにあるジュラブ砂漠《さばく》で発見《はっけん》された。下《した》はデジタル画像技術《がぞうぎじゅつ》によって修復《しゅうふく》された頭蓋骨化石《ずがいこつかせき》の図《ず》と、顔《かお》の復元結果《ふくげんけっか》である。

サヘラントロプス・チャデンシスの脳《のう》はおよそ350mlで、現代人《げんだいじん》のおよそ4分《ぶん》の1程度《ていど》。身長《しんちょう》は120cmで、チンパンジーのメスと同《おな》じくらいだ。そして当時《とうじ》の生活《せいかつ》としては、森《もり》にすみ、主《おも》に果物《くだもの》を食《た》べていたと考《かんが》えられている。また、大《おお》きめの犬歯《けんし》をもっていたことが化石《かせき》からわかっている。

この頭蓋骨《ずがいこつ》の化石《かせき》を下《した》（底《そこ》）から見《み》ると、胴体《どうたい》とつながるための穴《あな》が、ほぼ真下《ました》にあることがわかる。これは、背骨《せぼね》の上《うえ》に垂直《すいちょく》に頭《あたま》が乗《の》っていたことを示《しめ》しており、サヘラントロプス・チャデンシスは直立二足歩行《ちょくりつにそくほこう》をしていたと言《い》えそうだ。チンパンジーのように四足歩行《よんそくほこう》をする動物《どうぶつ》は、頭《あたま》の後《うし》ろ側《がわ》に、この穴《あな》がある。

つまり、サヘラントロプス・チャデンシスは森《もり》のなかにすんでいながら直立二足歩行《ちょくりつにそくほこう》だったと考《かんが》えられるんだ。

▼先端科学技術《せんたんかがくぎじゅつ》を使《つか》って三次元的《さんじげんてき》に復元《ふくげん》された、最《もっと》も初期《しょき》の人類《じんるい》の顔《かお》。

画像提供／一般財団法人　地球産業文化研究所

▼サヘラントロプス・チャデンシスの復元《ふくげん》された頭部化石《とうぶかせき》のイラスト。

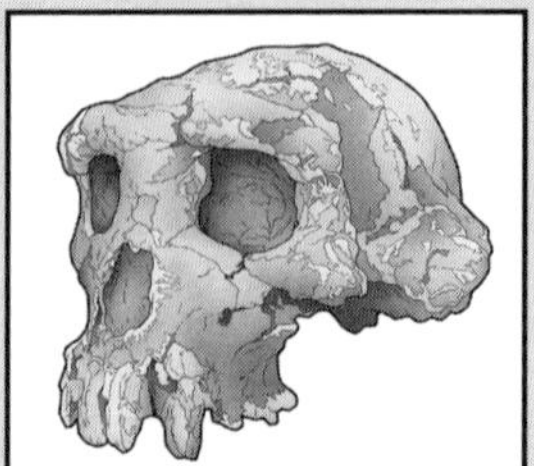

アフリカで次々《つぎつぎ》と発見《はっけん》された初期猿人《しょきえんじん》の化石《かせき》

同《おな》じく初期猿人《しょきえんじん》であるオロリン・トゥゲネンシスの化石《かせき》（およそ600万年前《まんねんまえ》のもの）が2000年《ねん》にケニアで発見《はっけん》され、さらにエチオピアではアルディピテクス・カダバの化石《かせき》（およそ580～520万年前《まんねんまえ》のもの）が発見《はっけん》され2001年《ねん》に報告《ほうこく》された。ただし、サヘラントロプス・チャデンシス、オロリン・トゥゲネンシス、アルディピテクス・カダバはあまりにも年代《ねんだい》が古《ふる》く、骨《ほね》も部分的《ぶぶんてき》にしか残《のこ》っていないため、それぞれどういった関係《かんけい》で進化《しんか》してきたのかは、よくわかっていない。

そして初期猿人《しょきえんじん》のなかでも比較的新《ひかくてきあたら》しい年代《ねんだい》の種《しゅ》として知《し》られているのが、アルディピテクス・ラミダス（ラミダス猿人《えんじん》）だ。この種《しゅ》については次《つぎ》のページで詳《くわ》しく説明《せつめい》しよう。

また、それよりさらに新《あたら》しい人類《じんるい》の化石《かせき》としては「リトルフット」が知《し》られている。およそ370万年前《まんねんまえ》のもので、1994年《ねん》に南《みなみ》アフリカで発見《はっけん》された。最初《さいしょ》に発掘《はっくつ》された化石《かせき》が足《あし》の小《ちい》さな骨《ほね》だったことからこの名前《なまえ》が与《あた》えられたんだ。全身《ぜんしん》のおよそ90％以上《いじょう》の骨《ほね》が無傷《むきず》で残《のこ》っているため、人類進化《じんるいしんか》について知《し》ることができる貴重《きちょう》な資料《しりょう》となっている。ただ、アウストラロピテクス属《ぞく》に分類《ぶんるい》されているものの、種名《しゅめい》はまだ確定《かくてい》していない。

画像提供／V. Mourre

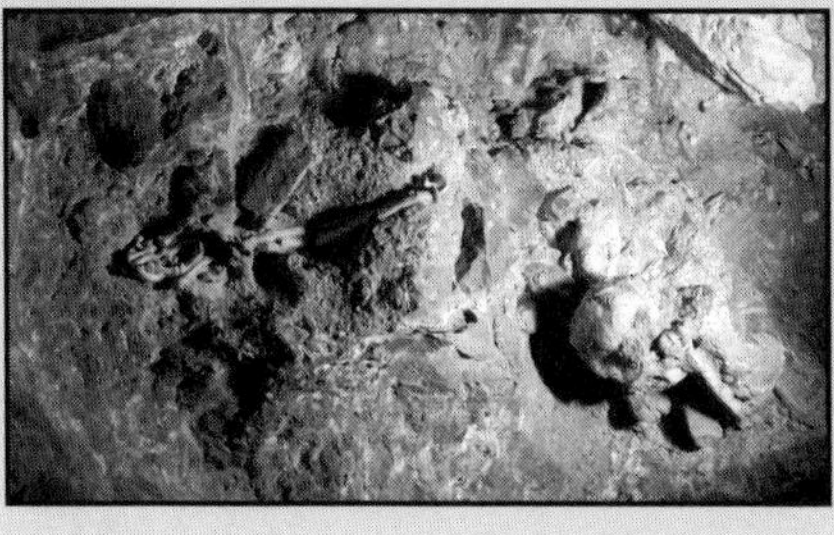

◀スタークフォンテイン洞窟《どうくつ》で発見《はっけん》されたリトルフットの化石《かせき》。

特別《とくべつ》コラム

クマの骨盤《こつばん》は意外《いがい》と小《ちい》さい!?

人類《じんるい》は、直立二足歩行《ちょくりつにそくほこう》になったことで、内臓《ないぞう》や頭部《とうぶ》などの上半身《じょうはんしん》を支《ささ》えるための広《ひろ》い骨盤《こつばん》をもつようになった。

ヒトとクマは背骨《せぼね》の大《おお》きさはほぼ同《おな》じだが、左《ひだり》のヒト（直立二足歩行《ちょくりつにそくほこう》）の骨盤《こつばん》は右《みぎ》のクマ（四足歩行《よんそくほこう》）の骨盤《こつばん》より大《おお》きいことがわかる。

イラスト／加藤貴夫

日本《にほん》人《じん》が発見《はっけん》した化石《かせき》が初期《しょき》猿人《えんじん》について教《おし》えてくれた

ラミダス猿人《えんじん》の化石《かせき》「アルディ」とは?

アルディピテクス・ラミダス(ラミダス猿人《えんじん》)の化石《かせき》が最初《さいしょ》に発見《はっけん》されたのは1992年《ねん》。その後《ご》、1994年《ねん》にはエチオピアで、ラミダス猿人《えんじん》の女性《じょせい》の化石《かせき》(およそ440万年前《まんねんまえ》のもの)の発掘《はっくつ》が開始《かいし》された。この化石《かせき》は最終的《さいしゅうてき》にほぼ全身《ぜんしん》の骨格《こっかく》がそろい、「アルディ」という名称《めいしょう》がつけられた。

「アルディ」は身長《しんちょう》120cm、体重《たいじゅう》50kg、脳《のう》の容量《ようりょう》は350ml程度《ていど》で、サヘラントロプス・チャデンシスと大《おお》きさはほとんど同《おな》じだ。

画像提供/T. White

▲アルディピテクス・ラミダス(ラミダス猿人《えんじん》)のひとつの個体《こたい》「アルディ」の全身骨格《ぜんしんこっかく》。

足《あし》は手《て》のように親指《おやゆび》が離《はな》れているため枝《えだ》をつかみやすくなっており、土踏《つちふ》まずがないため長距離《ちょうきょり》歩行《ほこう》には適《てき》していない。ただし、頭蓋骨《ずがいこつ》の底《そこ》にある穴《あな》の位置《いち》を見《み》ると、直立二足歩行《ちょくりつにそくほこう》をしていたと考《かんが》えられる。つまり、「アルディ」は樹上生活《じゅじょうせいかつ》(木《き》の上《うえ》で生活《せいかつ》すること)と地上生活《ちじょうせいかつ》の特徴《とくちょう》が入《い》り混《ま》じっているといえる。

また、歯《は》は、ゴリラなどに見《み》られる「茎《くき》や葉《は》といった繊維質《せんいしつ》の多《おお》い食物《しょくもつ》を食《た》べるための歯《は》」、チンパンジーなどに見《み》られる「熟《じゅく》した果実《かじつ》を食《た》べるための歯《は》」のどちらの特徴《とくちょう》ももたない。そのためさまざまな食物《しょくもつ》を摂取《せっしゅ》する雑食《ざっしょく》であったと考《かんが》えられる。

ところで、この「アルディ」の化石発掘《かせきはっくつ》に大《おお》きく貢献《こうけん》したのが、日本《にほん》の研究者《けんきゅうしゃ》である諏訪元《すわげん》さん(現《げん》・東京大学《とうきょうだいがく》総合研究博物館教授《そうごうけんきゅうはくぶつかんきょうじゅ》・館長《かんちょう》)だ。「アルディ」は当時最古《とうじさいこ》と言《い》われていた人類《じんるい》の全身骨格《ぜんしんこっかく》よりも、さらに100万《まん》年以上《ねんいじょう》も古《ふる》いものとして発見《はっけん》され、初期猿人《しょきえんじん》の姿《すがた》と生態《せいたい》を知《し》ることができる貴重《きちょう》な資料《しりょう》になった。そのため「ア

特別《とくべつ》コラム

日本《にほん》を代表《だいひょう》する古人類学研究者《こじんるいがくけんきゅうしゃ》、諏訪元《すわげん》さん

専門《せんもん》は自然人類学《しぜんじんるいがく》・形態人類学《けいたいじんるいがく》・古人類学《こじんるいがく》で、現在《げんざい》は東京大学総合研究博物館教授《とうきょうだいがくそうごうけんきゅうはくぶつかんきょうじゅ》・同館長《どうかんちょう》を務《つと》める。

主《おも》にエチオピアをフィールドとし、化石《かせき》の記録《きろく》から人類《じんるい》のたどってきた進化《しんか》の道筋《みちすじ》を研究《けんきゅう》している。特《とく》にラミダス猿人《えんじん》の最初《さいしょ》の標本《ひょうほん》を含《ふく》む多数《たすう》の化石《かせき》を1990年代《ねんだい》に発見《はっけん》し、さらにそれらの化石《かせき》を20年近《ねんちか》くかけて解析《かいせき》することで、アウストラロピテクスより古《ふる》い時代《じだい》の人類像《じんるいぞう》を世界《せかい》ではじめて明《あき》らかにした。

この功績《こうせき》により朝日賞《あさひしょう》を受賞《じゅしょう》。その他《ほか》、日本人類学会賞《にほんじんるいがっかいしょう》、日本進化学会賞《にほんしんかがっかいしょう》、外務大臣表彰《がいむだいじんひょうしょう》など受賞歴多数《じゅしょうれきたすう》。日本《にほん》を代表《だいひょう》する人類学者《じんるいがくしゃ》である。

画像提供／諏訪元

ルディ」の解明《かいめい》は、世界的《せかいてき》に有名《ゆうめい》な科学雑誌《かがくざっし》『サイエンス』の2009年《ねん》ブレイクスルー・オブ・ザ・イヤー（その年《とし》の最《もっと》も重要《じゅうよう》な研究《けんきゅう》に与《あた》えられる賞《しょう》）に認定《にんてい》された。

当時《とうじ》、アルディの研究《けんきゅう》チームは9か国《こく》47名《めい》の研究者《けんきゅうしゃ》が参加《さんか》しており、15年間《ねんかん》にわたり、なんと15万個《まんこ》もの動物《どうぶつ》・植物《しょくぶつ》の化石試料《かせきしりょう》を分析《ぶんせき》したのだとか。そのおかげで、私《わたし》たちの祖先《そせん》のことが、またひとつ明《あき》らかになったというわけだ。

特別《とくべつ》コラム

ラミダス猿人《えんじん》も男性《だんせい》から女性《じょせい》にプレゼントをしていた？

直立二足歩行《ちょくりつにそくほこう》になった人類《じんるい》は、手《て》で物《もの》を運《はこ》べるようになったため、男性《だんせい》が女性《じょせい》に求愛《きゅうあい》のための食《た》べ物《もの》を渡《わた》しやすくなった。これによって四足歩行《よんそくほこう》より直立二足歩行《ちょくりつにそくほこう》の子孫《しそん》が増《ふ》えたのではないかと考《かんが》えるのが、オーウェン・ラブジョイ博士《はかせ》が提唱《ていしょう》した「食物供給仮説《しょくもつきょうきゅうかせつ》」というんだ。

イラスト／佐藤諭

化石《かせき》から大昔《おおむかし》のことを想像《そうぞう》するのは難《むずか》しい!?

アフリカでいったい何《なに》が起《お》きていたのか?

大昔《おおむかし》の人類《じんるい》の化石《かせき》がアフリカ東部《とうぶ》で数多《かずおお》く発見《はっけん》されたことから、「東部《とうぶ》では乾燥化《かんそうか》が進《すす》み、森林《しんりん》が減少《げんしょう》したため、人類《じんるい》は草原《そうげん》に出《で》てきたのだろう」と考《かんが》えられるようになった。この考《かんが》え方《かた》は、ミュージカル映画《えいが》のタイトルをもじって「イースト・サイド・ストーリー」と呼《よ》ばれる。

しかし当《とう》時《じ》はまだ森《しん》林《りん》が残《のこ》っていたことが明《あき》らかになり「乾《かん》燥《そう》で森林《しんりん》が減少《げんしょう》したから」というのは間違《まちが》いだとわかった。

さらに、サヘラントロプス・チャデンシスの化石《かせき》がアフリカ中部《ちゅうぶ》で発見《はっけん》されたことで、この説《せつ》は覆《くつがえ》された。

このように、科学《かがく》の研究《けんきゅう》をするときは、後《あと》で間違《まちが》っていたと否定《ひてい》される考《かんが》え方《かた》も多《おお》い。しかし、それでも今《いま》わかっているもののなかから「こうかもしれない」と考《かんが》えてみることが大切《たいせつ》なんだ。

な初期猿人《しょきえんじん》、猿人《えんじん》の化石《かせき》の発見年《はっけんねん》と発掘場所《はっくつばしょ》

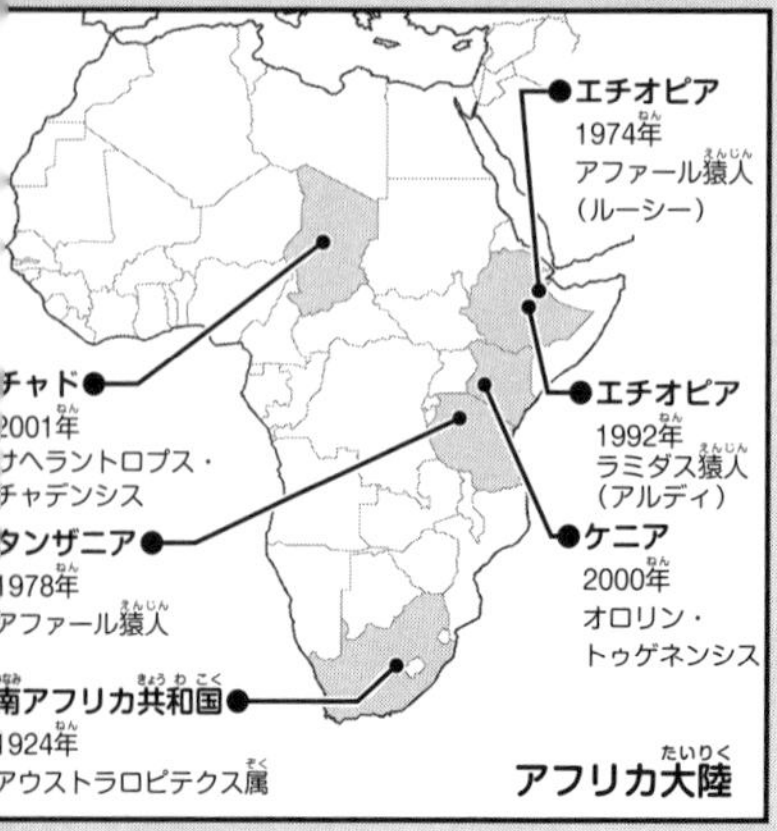
エチオピア
1974年《ねん》
アファール猿人《えんじん》
（ルーシー）
チャド
2001年《ねん》
ヘラントロプス・
チャデンシス
エチオピア
1992年《ねん》
ラミダス猿人《えんじん》
（アルディ）
タンザニア
1978年《ねん》
アファール猿人《えんじん》
ケニア
2000年《ねん》
オロリン・
トゥゲネンシス
南《みなみ》アフリカ共和国《きょうわこく》
1924年《ねん》
アウストラロピテクス属《ぞく》
アフリカ大陸《たいりく》

ラスト／加藤貴夫

特別《とくべつ》コラム

人類《じんるい》は水生生活《すいせいせいかつ》をしていた？

もうひとつ人類進化《じんるいしんか》に関《かん》する説《せつ》を紹介《しょうかい》しよう。それは「人類《じんるい》はチンパンジーと分《わ》かれた頃《ころ》、水《みず》のなかで生活《せいかつ》をしていたのではないか」という考《かんが》え方《かた》で、「水生類人猿説《すいせいるいじんえんせつ》（アクア説《せつ》）」という。

ただしこれを示《しめ》す根拠《こんきょ》や証拠《しょうこ》はなく、強《つよ》く否定《ひてい》する人類学《じんるいがく》の研究者《けんきゅうしゃ》も多《おお》い。

イラスト／佐藤諭

ロボットねん土《ど》

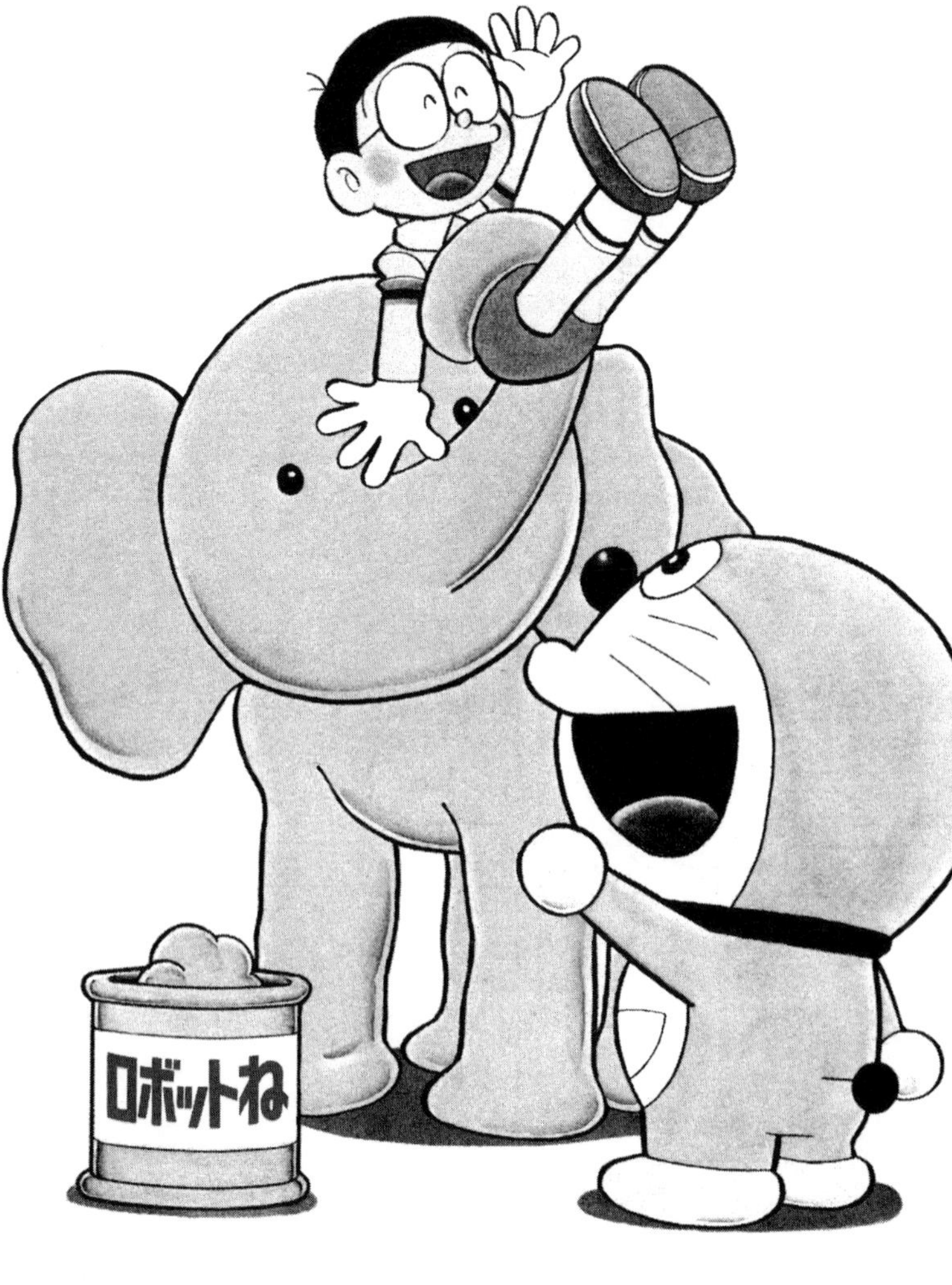

人類進化《じんるいしんか》の不思議《ふしぎ》Q&A《キューアンドエー》

Q 発掘《はっくつ》された化石《かせき》には、アルファベットと番号《ばんごう》が割《わ》り振《ふ》られる。本当《ほんとう》? ウソ?

A 本当《ほんとう》 例《たと》えば『ルーシー』の正式名称《せいしきめいしょう》はAL288-1となっているよ。

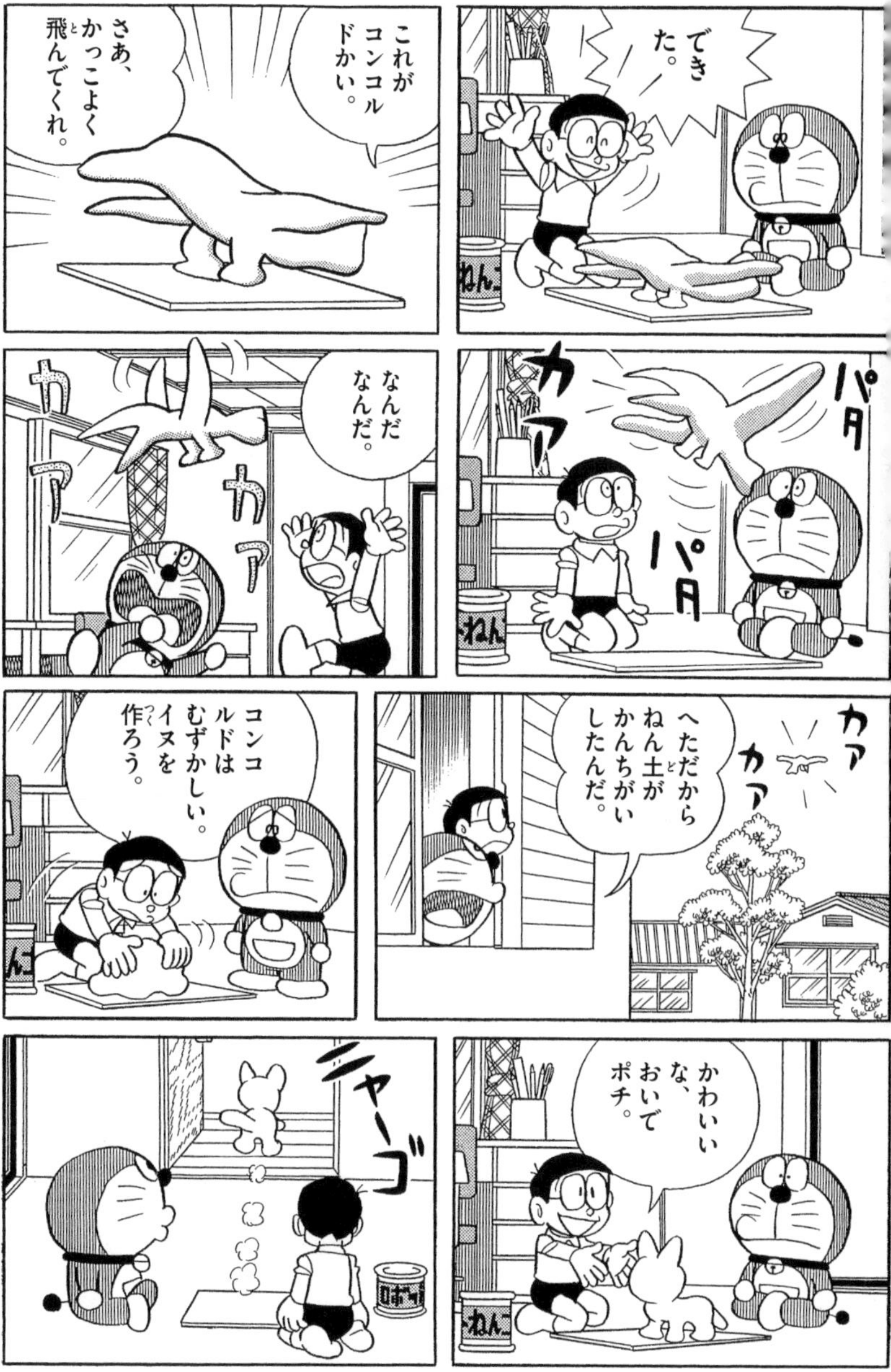

人類進化《じんるいしんか》の不思議《ふしぎ》Q&A《キューアンドエー》

Q ホモ・ハビリスは石器《せっき》を鋭《するど》く研《と》いでいた。本当《ほんとう》? ウソ?

A ウソ　石《いし》と石《いし》をぶつけて割《わ》っただけのものを使用《しよう》していた。

遊《あそ》んでいないでお店《みせ》のてつだいしな!!
たけし!!
しばらくおまえのうちへやっかいになる。
ええ、めいわくだなあ。
ああっ、あれはなんだ。
へええ、「ロボットねん土《ど》」
いいなあ。
そうだ!!
もうひとりジャイアンを作《つく》って、店《みせ》のてつだいさせれば。
おまえ頭《あたま》いいぞ。
貸《か》してもらえないかな。
いいとも。

A 時間《じかん》　肉《にく》という栄養価《えいようか》の高《たか》いものを食《た》べるようになったことで、一日中《いちにちじゅう》何《なに》かを食《た》べる必要《ひつよう》がなくなった。

現代人《げんだいじん》と同《おな》じ直立《ちょくりつ》二足歩行《にそくほこう》をする猿人《えんじん》の登場《とうじょう》

土踏《つちふ》まずのある足《あし》に進化《しんか》

人類《じんるい》の進化《しんか》のなかで「初期猿人《しょきえんじん》」がさらに現代人《げんだいじん》に近《ちか》づいたものを「猿人《えんじん》」という。その大《おお》きな違《ちが》いは、「初期《しょき》猿人《えんじん》」の足《あし》の裏《うら》は平《ひら》べったい形《かたち》をしていたが、「猿人《えんじん》」の足《あし》には土踏《つちふ》まずがあることだ。つまり、「猿人《えんじん》」は現代人《げんだいじん》に似《に》た直立《ちょくりつ》二足歩行《にそくほこう》ができたと考《かんが》えられる。

そんな「猿人《えんじん》」の代表的《だいひょうてき》な種《しゅ》のひとつがアウストラロピテクス・アファレンシス（アファール猿人《えんじん》）で、そのなかでも全身《ぜんしん》の約《やく》40％の骨《ほね》が見《み》つかった316万年前《まんねんまえ》の個《こ》体《たい》の化石《かせき》には「ルーシー」という名前《なまえ》がつけられた。発見《はっけん》したのはドナルド・ジョハンソン博士《はかせ》。1974年《ねん》、当《とう》時《じ》シカゴ大学《だいがく》の大学院生《だいがくいんせい》だったドナルド・ジョハンソンは、エチオピアで一日中《いちにちじゅう》化石《かせき》の調査《ちょうさ》をしており、そろそろ引《ひ》き上《あ》げようと思《おも》ったときに、この大発見《だいはっけん》をしたのだ。「ルーシー」の化石《かせき》からは、25〜30歳《さい》の女性《じょせい》で、身長《しんちょう》は105㎝、体重《たいじゅう》は30㎏、脳《のう》は400㎖程度《ていど》であることがわかった。最近《さいきん》、「ルーシー」の骨《ほね》をCTスキャンにかけて3万《まん》5000枚《まい》のデジタル断面図《だんめんず》を作成《さくせい》し、その後《ご》8年間《ねんかん》かけて一枚《いちまい》ずつ丁寧《ていねい》に分析《ぶんせき》したところ、木《き》から落下《らっか》して死亡《しぼう》した可能性《かのうせい》が示《しめ》された。

頭蓋骨《ずがいこつ》に亀《き》裂《れつ》が入《はい》っており、それは死《し》後自然《ごしぜん》に折《お》れたのではないかと言《い》われていたが、生《い》きているときにできるような形状《けいじょう》だとわかったんだ。さらに右肩《みぎかた》に見《み》つかった圧迫《あっぱく》骨折《こっせつ》が、地上《ちじょう》

◀アファール猿人《えんじん》の一個体《いちこたい》である「ルーシー」の骨《こっ》格復元模型《かくふくげんもけい》。

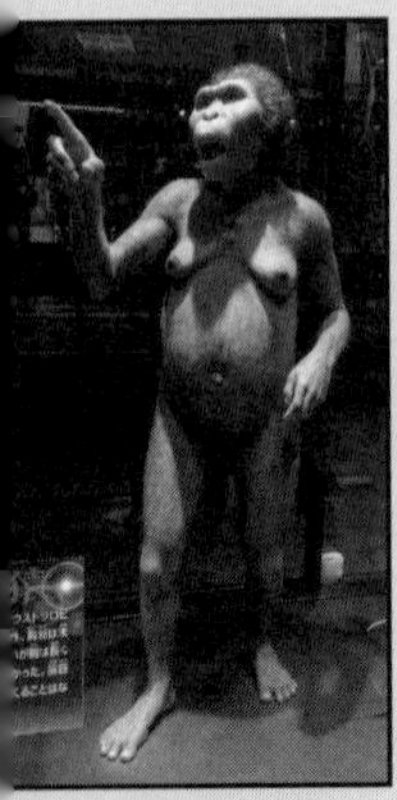

◀「ルーシー」の生体復元模型《せいたいふくげんもけい》。

撮影／大橋賢　撮影協力／国立科学博物館

に叩《たた》きつけられたときに腕《うで》を伸《の》ばしていたことを示《しめ》しているのだという。これらの形跡《けいせき》から、建物《たてもの》の4～5階《かい》の高《たか》さに相当《そうとう》する場所《ばしょ》から落《お》ちたと考《かんが》えられている。骨《ほね》の化石《かせき》から死亡《しぼう》理由《りゆう》までわかるとは驚《おどろ》きだ。今後《こんご》も画像《がぞう》解析方法《かいせきほうほう》が進歩《しんぽ》することで、従来《じゅうらい》の化石《かせき》から新《あら》たな発見《はっけん》があるかもしれない。

子《こ》どもの骨格《こっかく》からわかった現代人《げんだいじん》との共通点《きょうつうてん》とは？

アファール猿人《えんじん》は100万《まん》年《ねん》もの間《あいだ》、生息《せいそく》し続《つづ》けた。そのため、「ルーシー」以外《いがい》にも化石《かせき》は多数《たすう》発見《はっけん》されている。そのひとつが2000年《ねん》にエチオピアで発見《はっけん》されたアファール猿人《えんじん》の骨格《こっかく》（約《やく》330万《まん》年前《ねんまえ》のもの）で、「セラム」と名《な》づけられた。

「セラム」は3歳《さい》くらいの幼児《ようじ》で、脳《のう》は330ml程度《ていど》しかなく、大人《おとな》の脳《のう》（400ml程度《ていど》）と比《くら》べて小《ちい》さい。これは現代人《げんだいじん》と同《おな》じように、出産時《しゅっさんじ》の母体《ぼたい》の負担《ふたん》を減《へ》らすために子《こ》どもは脳《のう》が小《ちい》さい状態《じょうたい》で産《う》まれてきて、後《あと》で大《おお》きくなっていったということを示《しめ》している。さらにこの骨格《こっかく》の研究《けんきゅう》によって、アファール猿人《えんじん》の上半身《じょうはんしん》は樹上生活《じゅじょうせいかつ》に適《てき》し、下半身《かはんしん》は直立《ちょくりつ》二足《にそく》歩行《ほこう》に適《てき》していたことがわかった。

なお、「セラム」と「ルーシー」の発見《はっけん》場所《ばしょ》は非常《ひじょう》に近《ちか》いため、当初《とうしょ》「セラム」と「ルーシー」は親子《おやこ》ではないかという報道《ほうどう》があったが、実際《じっさい》には、化石《かせき》の年代《ねんだい》は10万年《まんねん》以上《いじょう》ずれているため親子《おやこ》ではない。

画像提供／河合信和

▲「セラム」の骨格化石《こっかくかせき》（エチオピア国立博物館《こくりつはくぶつかん》で撮影《さつえい》）。

特別《とくべつ》コラム

ビートルズの曲名《きょくめい》が化石《かせき》の名前《なまえ》に？

ドナルド・ジョハンソン博士《はかせ》がアファール猿人《えんじん》の化石《かせき》を発掘《はっくつ》した日《ひ》の晩《ばん》、キャンプ地《ち》にはビートルズの「ルーシー・イン・ザ・スカイ・ウィズ・ダイアモンズ」という曲《きょく》が繰《く》り返《かえ》し再生《さいせい》されていたのだとか。これが「ルーシー」の名前《なまえ》の由来《ゆらい》になっている。

イラスト／佐藤諭

足跡《あしあと》からわかる猿人《えんじん》のくらし

足跡《あしあと》の化石《かせき》から男性《だんせい》と女性《じょせい》の関係《かんけい》もわかる?

骨格《こっかく》の化石《かせき》以外《いがい》にも、昔《むかし》の人類《じんるい》について教《おし》えてくれる重要《じゅうよう》な資料《しりょう》がある。それが足跡《あしあと》の化石《かせき》だ。

足跡《あしあと》を見《み》れば、当時《とうじ》どのような動《うご》きをしていたのか、どれくらいの体長《たいちょう》であったのか、何人《なんにん》で生活《せいかつ》していたのか、男性《だんせい》と女性《じょせい》は何人《なんにん》ずつ一緒《いっしょ》にいたのか、大人《おとな》と子《こ》どもは何人《なんにん》ずつ一緒《いっしょ》にいたのか……などがわかるため、当《とう》時《じ》の生活《せいかつ》を知《し》る大《おお》きな手《て》がかりになる。また、足跡《あしあと》は直立二《ちょくりつに》足歩行《そくほこう》をしていた直《ちょく》接的《せってき》な証拠《しょうこ》にもなる。

1976年《ねん》、タンザニアのラエトリ遺跡《いせき》で、古生物学者《こせいぶつがくしゃ》のメアリー・リーキー博士《はかせ》が人類最古《じんるいさいこ》の足跡《あしあと》の化石《かせき》を発見《はっけん》した。これは約《やく》375万年前《まんねんまえ》のもので23mにわたって足跡《あしあと》が続《つづ》いている。

詳《くわ》しく調《しら》べたところ、この足跡《あしあと》はアファール猿人《えんじん》の親《おや》子《こ》3人《にん》が火山灰《かざんばい》の上《うえ》を歩《ある》いたもののようだ。大人《おとな》2人《ふたり》の足跡《あしあと》は重《かさ》なっているため、先《さき》に男性《だんせい》が歩《ある》いて、安全《あんぜん》が確認《かくにん》された後《あと》に同《おな》じ場所《ばしょ》を女《じょ》性《せい》が歩《ある》いたと思《おも》われる。また、歩《ある》く速《はや》さはおよそ秒速《びょうそく》一・○mで、現代人《げんだいじん》とほぼ同《おな》じだ。

像提供／Smithsonian Institution

メアリー・リーキー博士《はかせ》(右《みぎ》)と夫《おっと》のルイ・リーキー博士《はかせ》(左《ひだり》)。

画像提供／Momotarou2012

画像提供／Federigo Federighi

◀タンザニアのラエトリ遺跡《いせき》で発見《はっけん》された人類最古《じんるいさいこ》の足跡《あしあと》の化石《かせき》(複製《ふくせい》)と、その足跡《あしあと》から再現《さいげん》したアファール猿人《えんじん》が歩《ある》く様子《ようす》。

男女《だんじょ》の違《ちが》いや小走《こばし》りを示《しめ》す化石《かせき》も発見《はっけん》？

2015年《ねん》にも、同《おな》じくタンザニアのラエトリ遺跡《いせき》でアファール猿人《えんじん》2人分《ふたりぶん》の足跡《あしあと》の化石《かせき》（360万年《まんねん》以上前《いじょうまえ》のもの）が見《み》つかっている。最初《さいしょ》に発見《はっけん》したのは、ダルエスサラーム大学《だいがく》の考古学者《こうこがくしゃ》フィデリス・マサオ博士《はかせ》とエルジディアス・イチャムバキ博士《はかせ》だ。

そのうち1人《ひとり》は成人男性《せいじんだんせい》で、足跡《あしあと》の大《おお》きさから身長《しんちょう》が165cmほどもあったと推定《すいてい》されている。これは他《ほか》の個《こ》体《たい》と比《くら》べてかなり大柄《おおがら》で、アファール猿人《えんじん》は男《おとこ》と女《おんな》で体《からだ》の大《おお》きさが異《こと》なることを示《しめ》しているという主張《しゅちょう》もある。

画像提供／Clem23

▲多《おお》くの足跡《あしあと》の化石《かせき》が発見《はっけん》されたタンザニアのエンガレ・セロ。

さらに1970年代《ねんだい》に発見《はっけん》された化石《かせき》と合《あ》わせると、アファール猿人《えんじん》はゴリラのような一夫多妻制《いっぷたさいせい》だった可能性《かのうせい》も考《かんが》えられるが、詳細《しょうさい》はまだわかっていない。

そして2016年《ねん》、タンザニアのエンガレ・セロにある泥地《でいち》で約《やく》1万《まん》9000年前《ねんまえ》～5000年《ねん》前《まえ》の足跡《あしあと》の化石《かせき》が400以上《いじょう》も発見《はっけん》された。

このなかには時速《じそく》8km以上《いじょう》の小走《こばし》りで泥《どろ》の上《うえ》を複数《ふくすう》の人間《にんげん》が駆《か》け抜《ぬ》けたと考《かんが》えられる足跡《あしあと》や、主《おも》に女性《じょせい》や子《こ》どもからなる12人《にん》ほどのグループが一斉《いっせい》に歩《ある》いたような足跡《あしあと》も見《み》られる。

特別《とくべつ》コラム

直立二足歩行《ちょくりつにそくほこう》もラクじゃない？

人類《じんるい》は直立二足歩行《ちょくりつにそくほこう》によって手《て》を使《つか》うことができるようになった。しかし、頭《あたま》や上半身《じょうはんしん》の支《ささ》え方《かた》が変《か》わったことで、胃下垂《いかすい》、脳貧血《のうひんけつ》、腰痛《ようつう》、膝関節痛《ひざかんせつつう》といった人類特有《じんるいとくゆう》の病気《びょうき》をするようになった。内臓《ないぞう》を骨盤《こつばん》と骨盤《こつばん》底筋群《ていきんぐん》（骨盤《こつばん》の底《そこ》にある筋肉《きんにく》）だけで支《ささ》えているため、脱《だっ》腸《ちょう》や痔《じ》にもなる。また、直立二足歩行《ちょくりつにそくほこう》は難産《なんざん》の原因《げんいん》にもなっている可能性《かのうせい》があるんだ。

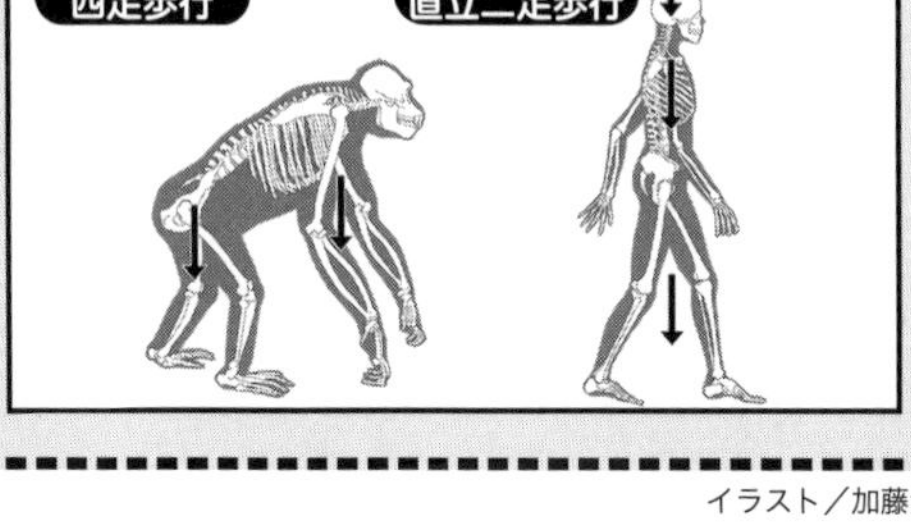

イラスト／加藤貴夫

生《い》き残《のこ》ったのは　あごより脳《のう》が大《おお》きくなった人類《じんるい》

あごを頑丈《がんじょう》にするか 脳《のう》を大《おお》きくするか

アウストラロピテクス・アファレンシス（アファール猿人《えんじん》）の後《あと》、人類《じんるい》は大《おお》きく分《わ》けて2つの進化《しんか》の道筋《みちすじ》をたどることになる。

片方《かたほう》は、あごの筋肉《きんにく》と奥歯《おくば》（臼歯《きゅうし》）が発達《はったつ》し、強《つよ》い咀嚼《そしゃく》力《りょく》を身《み》につけた。食《た》べ物《もの》を噛《か》む面積《めんせき》が現代人《げんだいじん》の2倍《ばい》もあったこのグループを「頑丈型猿人《がんじょうがたえんじん》」と呼《よ》んでいる。その代表《だいひょう》はパラントロプス属《ぞく》だ。

頑丈型猿人《がんじょうがたえんじん》は、硬《かた》い木《き》の実《み》や繊維質《せんいしつ》の多《おお》い植物《しょくぶつ》をかみ砕《くだ》くことができるほどあごが大《おお》きくなったが、脳《のう》は小《ちい》さい。そのため最後《さいご》は絶滅《ぜつめつ》してしまった（それでもアファール猿《えん》人《じん》などの「非頑丈型猿人《ひがんじょうがたえんじん》」がいなくなってから100万《まん》年《ねん》以上《いじょう》は生《い》き続《つづ》けた）。

そしてもうひとつの進化《しんか》を遂《と》げたのが、ホモ属《ぞく》だ。最《さい》初《しょ》のホモ属《ぞく》はホモ・ハビリスで、脳《のう》の大《おお》きさがそれ以前《いぜん》の450〜500mlから、600〜800mlにまで増大《ぞうだい》した。つまり、あごや歯《は》ではなく脳《のう》が発達《はったつ》したのがホモ属《ぞく》というわけだ。そしてそのホモ属《ぞく》の子孫《しそん》が私《わたし》たち現代《げんだい》人《じん》である。

像提供／国立科学博物館

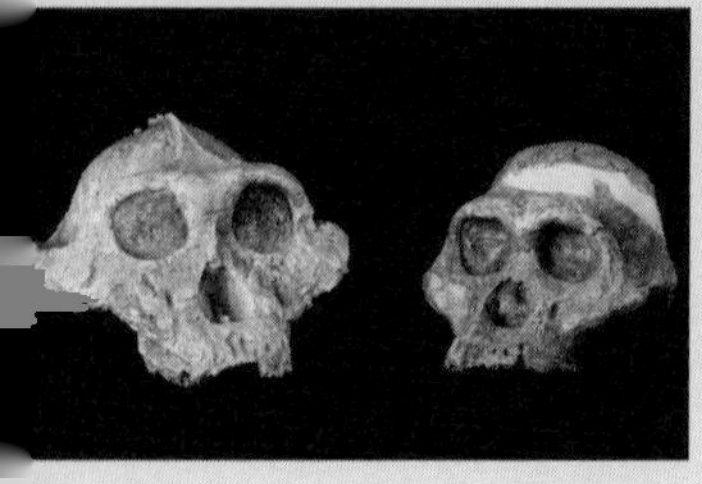

◀頑丈型猿人《がんじょうがたえんじん》（左《ひだり》）の頭骨《とうこつ》と非《ひ》頑丈型猿人《がんじょうがたえんじん》（右《みぎ》）の頭骨《とうこつ》。

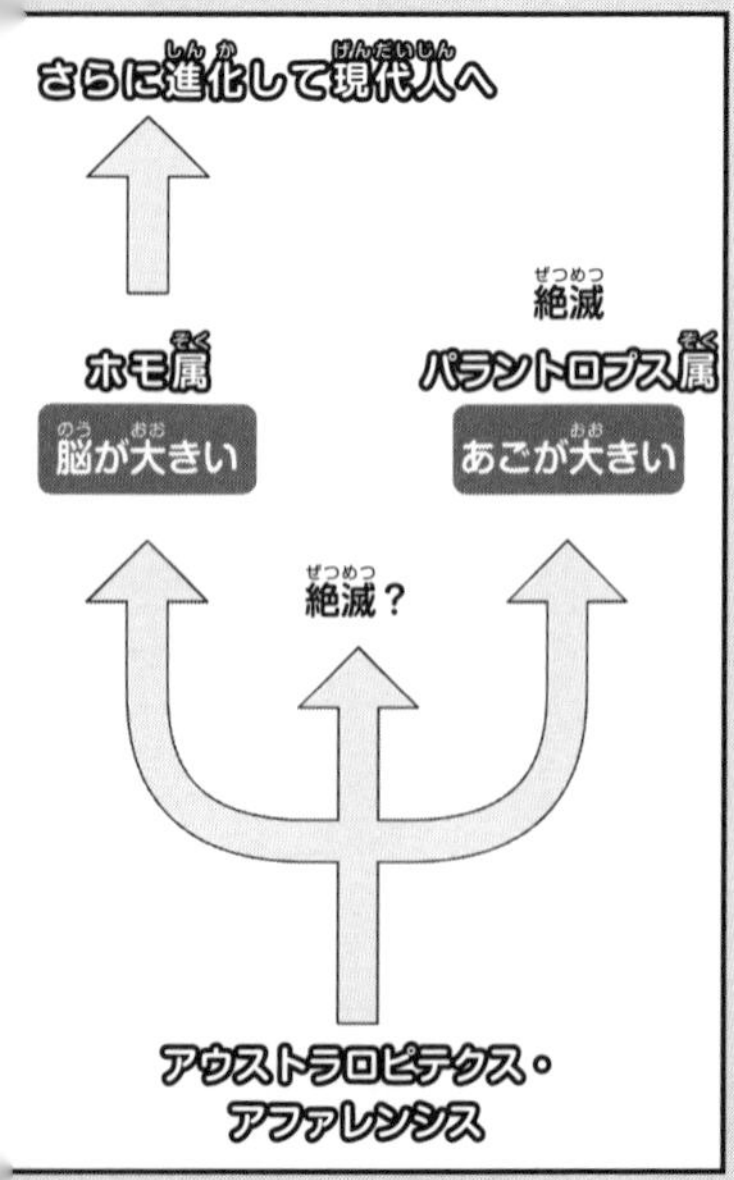

イラスト／加藤貴夫

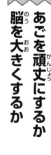

石器《せっき》を使《つか》うことで肉《にく》を食《た》べはじめた

猿人《えんじん》は、もともと草《くさ》や果実《かじつ》、昆虫《こんちゅう》を食《た》べていたが、森林《しんりん》から草原《そうげん》へと進出《しんしゅつ》した後《あと》は、肉《にく》を食《た》べる機会《きかい》が増《ふ》えたかもしれない。その結果《けっか》、タンパク質《しつ》の摂取量《せっしゅりょう》が増《ふ》え、脳《のう》が大《おお》きく進化《しんか》したのがホモ属《ぞく》だと考《かんが》えることができる。また、ホモ属《ぞく》は、手《て》の親指《おやゆび》が発達《はったつ》したことにより、物《もの》をしっかり掴《つか》むことができるようになったのだ。

こうして私《わたし》たちの祖先《そせん》は、肉《にく》を食《た》べるときに石器《せっき》などの道具《どうぐ》を使《つか》うようになった。ただしホモ・ハビリスなど初期《しょき》のホモ属《ぞく》は、狩《か》りはしておらず、肉食動物《にくしょくどうぶつ》の食《た》べ残《のこ》しを石器《せっき》で削《けず》って食《た》べていたようだ。

イラスト／加藤貴夫

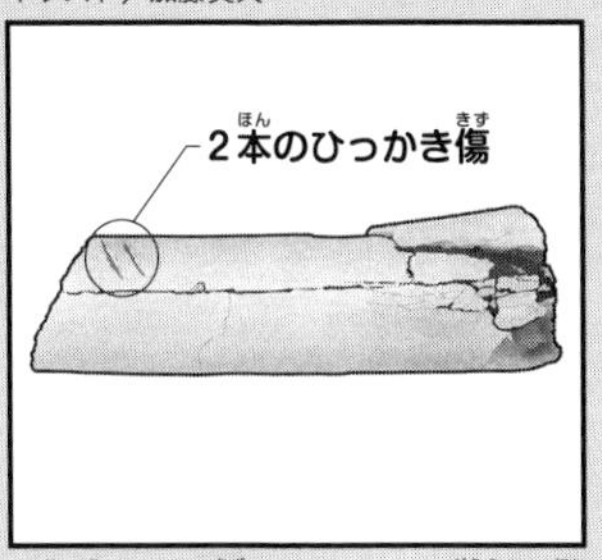

▲石器《せっき》による傷《きず》がついている動物《どうぶつ》の骨《ほね》の化石《かせき》(約《やく》340万年前《まんねんまえ》)。

最古《さいこ》の肉食《にくしょく》の証拠《しょうこ》としては、エチオピアのアファールから証拠《しょうこ》が見《み》つかっている。およそ340万《まん》年前《ねんまえ》の地層《ちそう》から大型《おおがた》ほ乳類《にゅうるい》の骨《ほね》の化石《かせき》が見《み》つかり、そこには石器《せっき》で肉《にく》をこそぎ取《と》った跡《あと》や、たたき割《わ》って骨髄《こつずい》を吸《す》った跡《あと》があると報告《ほうこく》された。報告《ほうこく》したのは、あの「セラム」(アファール猿人《えんじん》の幼児《ようじ》)の骨《ほね》を発掘《はっくつ》したゼレゼネイ・アレムゼゲド博士《はかせ》で、発掘現場《はっくつげんば》もなんと「セラム」と同《おな》じ場所《ばしょ》だ。もしかしたら「セラム」も石器《せっき》を使《つか》って食事《しょくじ》をしていたのかもしれない。

石器《せっき》を使《つか》っていた証拠《しょうこ》としては、他《ほか》にも、石器《せっき》で肉《にく》を削《そ》いだ跡《あと》や砕《くだ》いた跡《あと》が見《み》られるウシ科《か》の動物《どうぶつ》の骨《ほね》(約《やく》250万年前《まんねんまえ》のもの)や、死《し》んだゾウの肉《にく》を石器《せっき》で削《そ》いだ跡《あと》(約《やく》200万年前《まんねんまえ》のもの)なども見《み》つかっている。

直立二足歩行《ちょくりつにそくほこう》をするようになり、土踏《つちふ》まずができて長距離《ちょうきょり》の移動《いどう》が可能《かのう》になり、脳《のう》が発達《はったつ》し、手《て》が器用《きよう》になって道具《どうぐ》も使《つか》うようになった人類《じんるい》。ここから原《げん》人《じん》・旧人《きゅうじん》・新人《しんじん》と、どのような進化《しんか》を遂《と》げていくのだろうか。まだまだ人類《じんるい》の歴史《れきし》は続《つづ》く。

▼石器《せっき》を使《つか》って動物《どうぶつ》の肉《にく》を食《た》べるホモ・ハビリスの再現《さいげん》イメージ。

イラスト／加藤貴夫

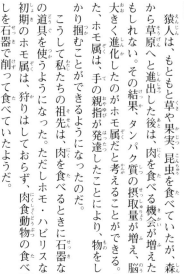

ギイ
ギイ
ガサ
ハロハロ
VECTOR

古道具《ふるどうぐ》きょう争《そう》

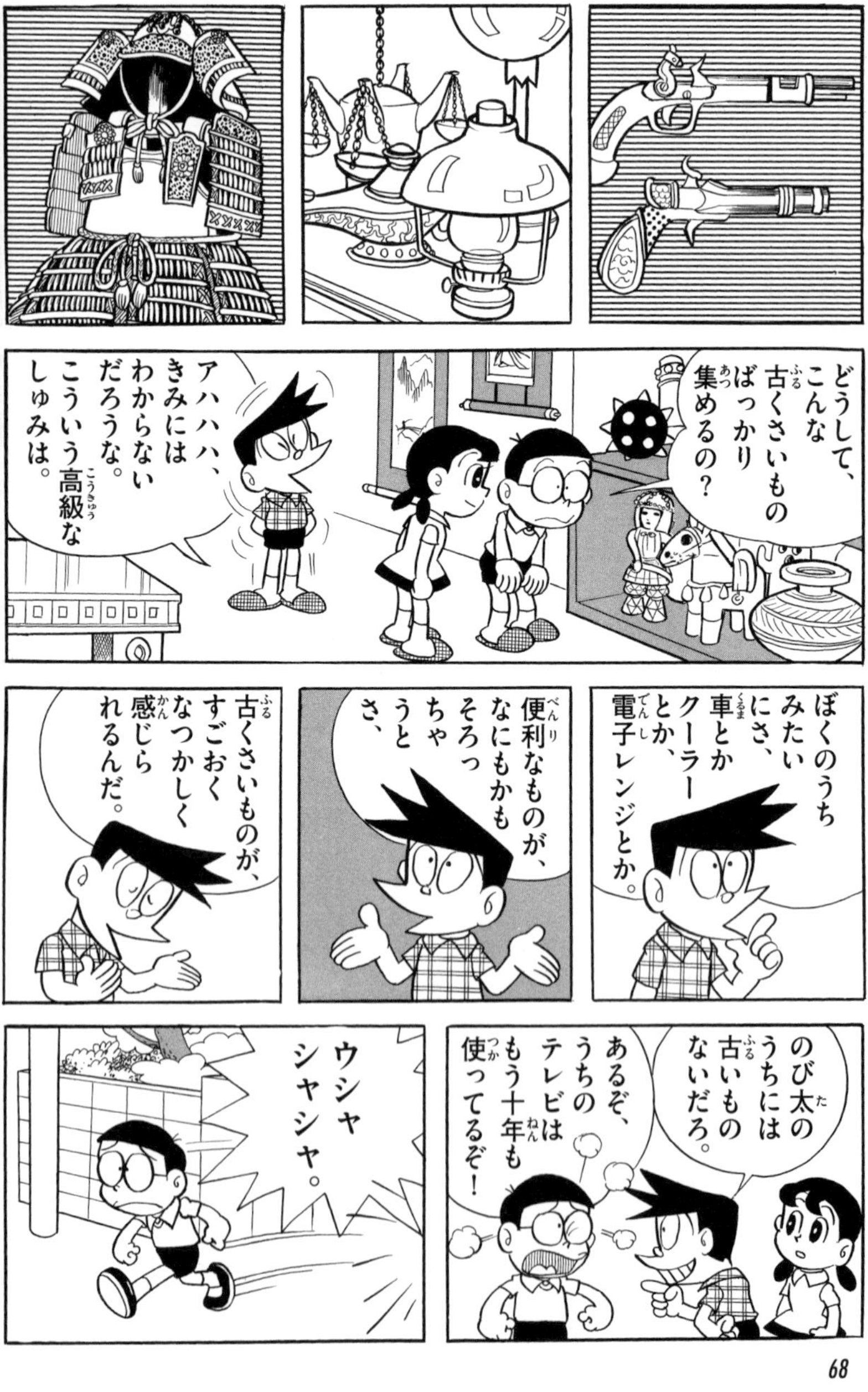

人類進化《じんるいしんか》の不思議《ふしぎ》Q&A《キューアンドエー》

Q 人類《じんるい》を表《あらわ》す生物学上《せいぶつがくじょう》の分類《ぶんるい》はどれ？

①ハモ属《ぞく》 ②ヒモ属《ぞく》 ③ホモ属《ぞく》

A ③ホモ属《ぞく》 「ホモ」は学術用語《がくじゅつようご》に使《つか》われるラテン語《ご》で、ヒトという意味《いみ》なんだ。

人類《じんるい》進化《しんか》の不思議《ふしぎ》Q&A《キューアンドエー》

Q 原人《げんじん》の1種《しゅ》ホモ・ナレディは「地球《ちきゅう》の人《ひと》」という意味《いみ》だ。本当《ほんとう》? ウソ?

A ウソ　ホモ・ナレディは南《みなみ》アフリカのソト語《ご》で「星《ほし》の人《ひと》」という意味《いみ》だ。

人類《じんるい》進化《しんか》の不思議《ふしぎ》Q&A《キューアンドエー》

Q 初期《しょき》の人類《じんるい》の道具《どうぐ》といえば何《なに》?

①鉄《てつ》 ②石《いし》 ③竹《たけ》

A ②石《いし》　初期《しょき》の人類《じんるい》の道具《どうぐ》としては石《いし》を打《う》ち合《あ》わせて作《つく》った石器《せっき》が見《み》つかるよ。

ゴトゴト
ピュン
ジャブジャブ
……。
？
？
？
こ、こんなことってあるかしら。
ジーー
ゴシゴシ
ジーー
どうしてもせんたく機《き》がたらいに見《み》えるわ。熱《ねつ》があるのかしら？
ピュン

人類《じんるい》進化《しんか》の不思議《ふしぎ》Q&A《キューアンドエー》

Q 原人《げんじん》の1種《しゅ》ホモ・エレクトスは「エベレストの人《ひと》」という意味《いみ》だ。本当《ほんとう》？　ウソ？

A ウソ　ホモ・エレクトスは「直立《ちょくりつ》（二足歩行《にそくほこう》）する人《ひと》」という意味《いみ》なんだ。

人類《じんるい》進化《しんか》の不思議《ふしぎ》Q&A《キューアンドエー》

Q 初期《しょき》のホモ属《ぞく》は何万種類《なんまんしゅるい》も存在《そんざい》していた。本当《ほんとう》? ウソ?

A ウソ　ホモ・ハビリスほか数種類《すうしゅるい》しか発見《はっけん》されていない。

人類《じんるい》進化《しんか》の不思議《ふしぎ》Q&A《キューアンドエー》

Q 200万年前《まんねんまえ》の初期《しょき》の人類《じんるい》は冬《ふゆ》でも裸《はだか》ですごしていた。本当《ほんとう》? ウソ?

A 本当《ほんとう》　衣服《いふく》が発明《はつめい》されたのはおよそ7万年前《まんねんまえ》だと言《い》われているよ。

人類進化《じんるいしんか》の不思議《ふしぎ》Q&A《キューアンドエー》

Q 次《つぎ》の中《なか》で人類《じんるい》が最初《さいしょ》に発明《はつめい》した武器《ぶき》はどれ？
①剣《けん》　②槍《やり》　③弓矢《ゆみや》

A ②槍《やり》 木《き》の棒《ぼう》の先《さき》をとがらせただけの簡単《かんたん》な槍《やり》は50万年《まんねん》以上《いじょう》昔《むかし》から使《つか》われていたぞ。

ついに現代人《げんだいじん》のなかまホモ属《ぞく》が出現《しゅつげん》した！

最初期《さいしょき》のホモ属《ぞく》
ホモ・ハビリス

私《わたし》たち現代人《げんだいじん》は、生物《せいぶつ》のひとつの種《しゅ》として分類《ぶんるい》すると、ホモ属《ぞく》というなかまだ。「ホモ」という言葉《ことば》は、生物《せいぶつ》の学《がく》名《めい》など学術用語《がくじゅつようご》として使《つか》われるラテン語《ご》で「人間《にんげん》」を表《あらわ》し、翻訳《ほんやく》してヒト属《ぞく》と呼《よ》ばれることもある。

猿人《えんじん》とホモ属《ぞく》の大《おお》きな違《ちが》いは脳容量《のうようりょう》（脳《のう》の大《おお》きさ）で、およそ600mlより大《おお》きく脳《のう》を発達《はったつ》させた種《しゅ》をホモ属《ぞく》として、初期《しょき》のホモ属《ぞく》を原人《げんじん》と呼《よ》んでいるんだ。

写真／大橋賢　撮影協力／国立科学博物館

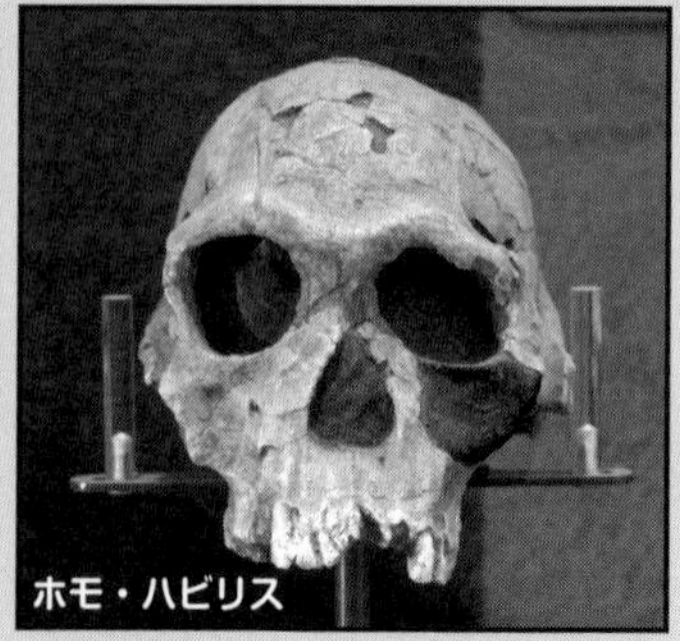

▲頭《あたま》が大《おお》きく顎《あご》には原始的《げんしてき》な特徴《とくちょう》が多《おお》い。

ホモ属《ぞく》の最《もっと》も古《ふる》いなかまが、約《やく》240万年前《まんねんまえ》から約《やく》140万年前《まんねんまえ》までアフリカで生《い》きていた、ホモ・ハビリスだ。1960年《ねん》にタンザニアのオルドヴァイ渓谷《けいこく》の地層《ちそう》で化石《かせき》が発見《はっけん》され、同《おな》じ渓谷《けいこく》で多数《たすう》の原始的《げんしてき》な石器《せっき》も見《み》つかったため、石器《せっき》を扱《あつか》う「器用《きよう》な人《ひと》」という意味《いみ》になるホモ・ハビリスと名《な》づけられた。

同《おな》じホモ属《ぞく》でも、体《からだ》つきは現代人《げんだいじん》とはだいぶん違《ちが》ったようだ。身長約《しんちょうやく》135cm、体重約《たいじゅうやく》30kgと、現代《げんだい》の小学校《しょうがっこう》3年生《ねんせい》と同《おな》じくらいの大人《おとな》もいたらしい。

特別《とくべつ》コラム

猿人《えんじん》と原人《げんじん》の特徴《とくちょう》をもつホモ・ナレディ

2013年《ねん》に南《みなみ》アフリカのライジングスター洞窟《どうくつ》の奥《おく》で大量《たいりょう》の化石《かせき》が発見《はっけん》された。子《こ》どもから高齢者《こうれいしゃ》まで15体分以上《たいぶんいじょう》あり、洞窟《どうくつ》にはさらに多《おお》くの化石《かせき》が残《のこ》されている。

脳《のう》はあまり大《おお》きくなく、類人猿《るいじんえん》に近《ちか》い特徴《とくちょう》と現代人《げんだいじん》にも似《に》た特徴《とくちょう》をもつ未知《みち》の人類《じんるい》で、ホモ・ナレディと名《な》づけられた。

発見当初《はっけんとうしょ》は初期《しょき》の人類《じんるい》だと考《かんが》えられていたけれど、最新《さいしん》の研究《けんきゅう》によれば、約《やく》30万年前《まんねんまえ》という、ずいぶん新《あたら》しい年代《ねんだい》の人類《じんるい》であった可《か》能性《のうせい》が高《たか》いようだ。

写真／大橋賢　撮影協力／国立科学博物館

さらに進化《しんか》した原人《げんじん》
ホモ・エレクトスの出現《しゅつげん》

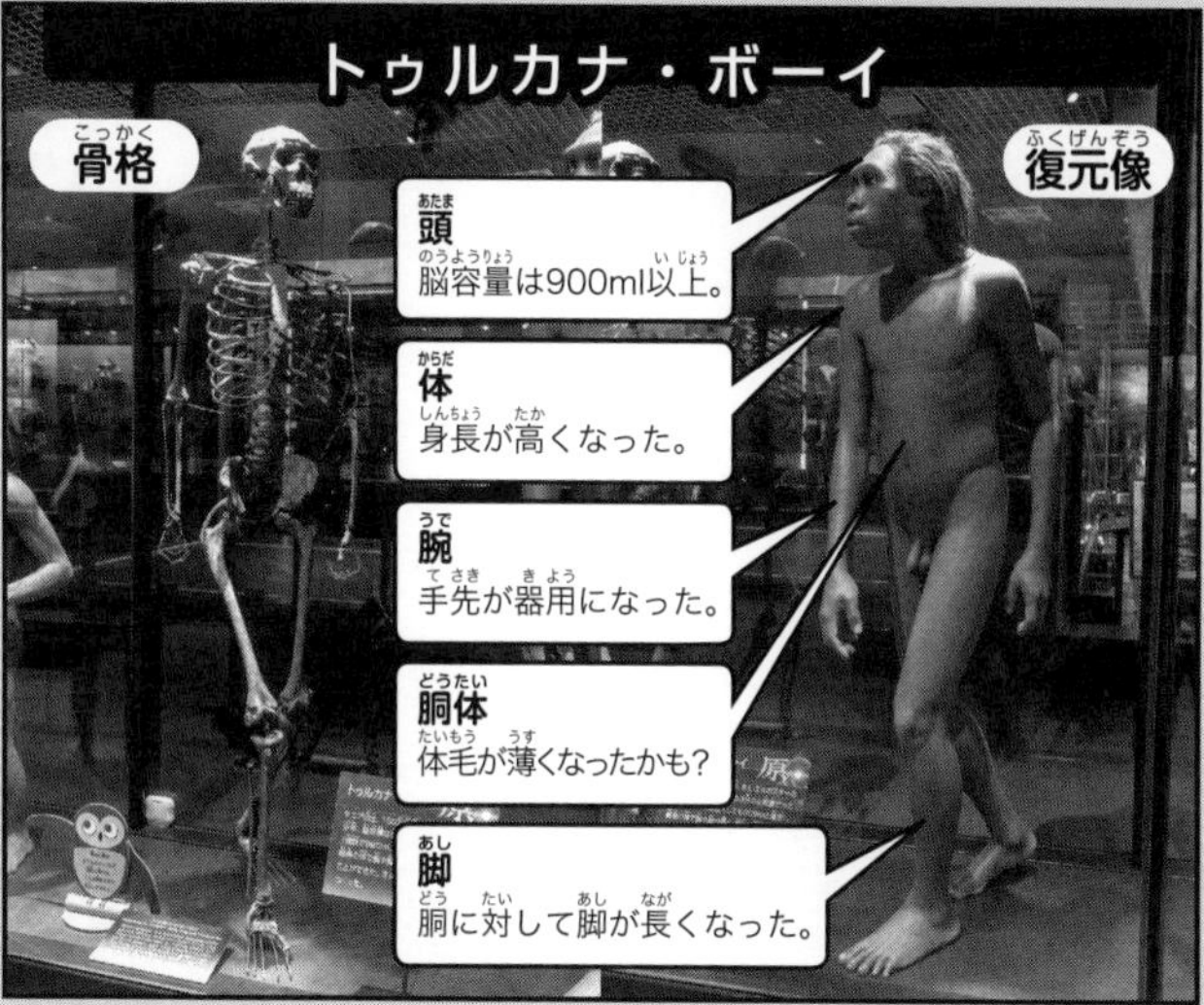
トゥルカナ・ボーイ
骨格《こっかく》
復元像《ふくげんぞう》
頭《あたま》
脳容量《のうようりょう》は900ml以上《いじょう》。
体《からだ》
身長《しんちょう》が高《たか》くなった。
腕《うで》
手先《てさき》が器用《きよう》になった。
胴体《どうたい》
体毛《たいもう》が薄《うす》くなったかも？
脚《あし》
胴《どう》に対《たい》して脚《あし》が長《なが》くなった。

▲ホモ・エレクトスは、現代人《げんだいじん》より成長《せいちょう》が早《はや》かったと考《かんが》えられている。

約《やく》１８０万年前《まんねんまえ》から30万年前頃《まんねんまえごろ》まで、世界《せかい》の各地《かくち》で生《い》きていたホモ・エレクトスは、さらに進化《しんか》した原人《げんじん》だ。

これまでの人類《じんるい》のなかまと比《くら》べて、あごや歯《は》はだいぶ小《ちい》さく、細身《ほそみ》の体《からだ》に細長《ほそなが》い脚《あし》、胴体《どうたい》のサイズに対《たい》して腕《うで》は短《みじか》めで、体型《たいけい》は現代人《げんだいじん》にぐっと近《ちか》づいている。平地《へいち》に適応《てきおう》して、暑《あつ》い熱帯《ねったい》でもマラソン選手《せんしゅ》のように長距離《ちょうきょり》を走《はし》ることができたかもしれない。反対《はんたい》に木《き》に登《のぼ》るのはあまり得意《とくい》ではなくなっていたんだ。

化石《かせき》は、人類《じんるい》に限《かぎ》らず、手足《てあし》の一部《いちぶ》だけとか、あごや歯《は》だけというように、体《からだ》の一部分《いちぶぶん》だけしか見《み》つからないことも多《おお》いけれど、全身《ぜんしん》の骨《ほね》の大部分《だいぶぶん》が見《み》つかることで研《けん》究《きゅう》が大《おお》きく進《すす》むこともある。

ケニアのトゥルカナ湖西岸《こせいがん》のナリオコトメで発見《はっけん》された「トゥルカナ・ボーイ」は、約《やく》１６０万年前《まんねんまえ》に生《い》きていた、推定《すいてい》9歳《さい》のホモ・エレクトスの少年《しょうねん》だ。全身《ぜんしん》の骨格《こっかく》の60％が見《み》つかった。これは人類《じんるい》の化石《かせき》としては大部分《だいぶぶん》が見《み》つかったと言《い》っていいくらいの大発見《だいはっけん》で、ホモ・エレクトスの全身《ぜんしん》のほとんどを復元《ふくげん》することができたんだ。

ホモ・エレクトスにはいくつかのグループがあるため、アフリカで過《す》ごした初期《しょき》のホモ・エレクトスを別《べつ》の種《しゅ》と考《かんが》える場合《ばあい》にはホモ・エルガスターと呼《よ》んでいる。

ホモ属《ぞく》は道具《どうぐ》を発明《はつめい》して使《つか》いはじめた！

石《いし》でつくられた初期《しょき》の道具《どうぐ》の改良《かいりょう》と工夫《くふう》

石《いし》を打《う》ち合《あ》わせたとき、大《おお》きく残《のこ》る部分《ぶぶん》を石核《せっかく》、割《わ》れた破片《はへん》を剥片《はくへん》と呼《よ》んでいる。石核《せっかく》を少《すこ》しずつ打《う》ち欠《か》いて先《さき》を尖《とが》らせ、左右《さゆう》を均等《きんとう》に整《ととの》えた道具《どうぐ》がハンドアックス（握斧《あくふ》）で、いろいろな目的《もくてき》に使《つか》える万能《ばんのう》ツールだった。旧石器時代前半《きゅうせっきじだいぜんはん》のアシュール型《がた》石器《せっき》を代表《だいひょう》する石器《せっき》だ。

◀アシュール型《がた》の握斧《あくふ》。
◀ルヴァロワ型《がた》の削器《さっき》。

真／大橋賢　撮影協力／国立科学博物館

人類《じんるい》が旧人《きゅうじん》の段階《だんかい》に進化《しんか》した約《やく》30万年前《まんねんまえ》になると、ある程度形《ていどかたち》を整《ととの》えておいてから大《おお》きく割《わ》ることで、狙《ねら》った形《かたち》の剥片《はくへん》をつくり出《だ》すルヴァロワ技法《ぎほう》が出現《しゅつげん》し、その剥《はく》片《へん》をさらに加工《かこう》して石器《せっき》がつくられるようになった。

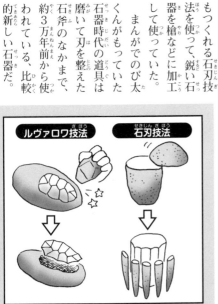

現代人《げんだいじん》の祖先《そせん》たちは石器《せっき》のつくり方《かた》をさらに進歩《しんぽ》させて、形《かたち》を整《ととの》えた石核《せっかく》からだいたい同《おな》じ形《かたち》の石器《せっき》をいくつもつくれる石刃技《せきじんぎ》法《ほう》を使《つか》って、鋭《するど》い石《せっ》器《き》を槍《やり》などに加工《かこう》して使《つか》っていた。

まんがでのび太《た》くんがもっていた石器時代《せっきじだい》の道具《どうぐ》は磨《みが》いて刃《は》を整《ととの》えた石斧《せきふ》のなかまで、約《やく》3万年前《まんねんまえ》から使《つか》われている、比較《ひかく》的新《てきあたら》しい石器《せっき》だ。

イラスト／佐藤諭

お肉《にく》を食《た》べると頭《あたま》がよくなる!?

ご飯《はん》を食《た》べると眠《ねむ》くなるのは、消化吸収《しょうかきゅうしゅう》のために内臓《ないぞう》でエネルギーが使《つか》われて、脳《のう》の活動《かつどう》が弱《よわ》まるためだ。
人類《じんるい》は、石器《せっき》を使《つか》って、動物《どうぶつ》の皮《かわ》や肉《にく》をすばやくはがしたり、叩《たた》いて食《た》べやすくしたり、骨《ほね》の中《なか》の骨髄《こつずい》を食《た》べたりして、肉食《にくしょく》を充実《じゅうじつ》させてきた。肉《にく》は植物《しょくぶつ》よりも消化《しょうか》吸収《きゅうしゅう》しやすく、腸《ちょう》などの内臓器官《ないぞうきかん》を小《ちい》さくでき、省《しょう》エネにもなった。

肉食《にくしょく》が増《ふ》え、短時間《たんじかん》で大量《たいりょう》のカロリーを獲得《かくとく》することで、脳《のう》で使《つか》えるエネルギーが増《ふ》えて、人類《じんるい》は脳《のう》を大《おお》きく活発《かっぱつ》に進化《しんか》させることができるようになったんだ。

写真／大橋賢　撮影協力／国立科学博物館

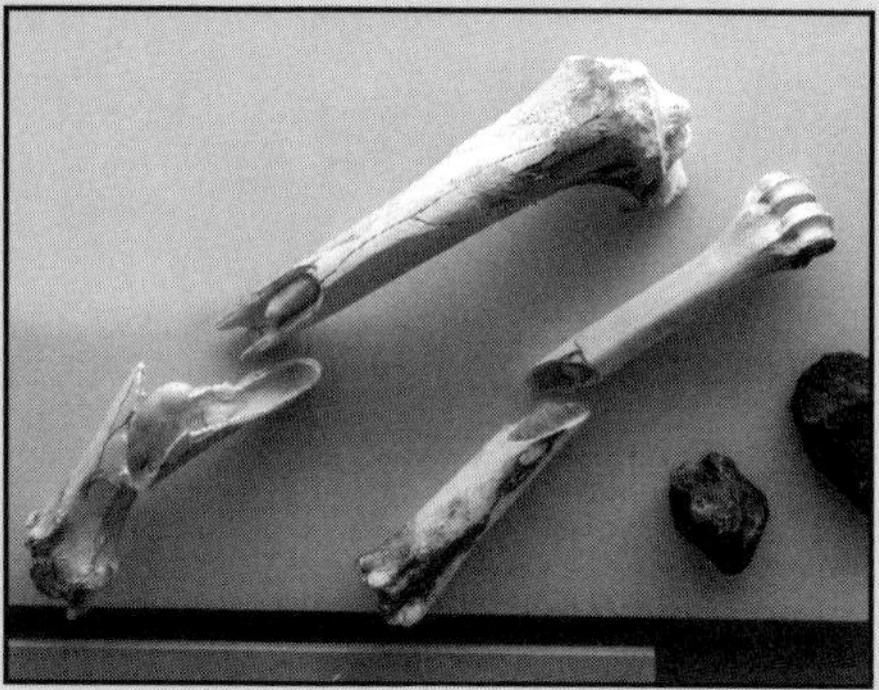

▲骨《ほね》の中《なか》の骨髄《こつずい》をとるためには、骨《ほね》を割る必要があっただろう。

小《ちい》さく生《う》んで大《おお》きく育《そだ》てる

原人《げんじん》の脳《のう》は猿人《えんじん》よりも大《おお》きく、旧人《きゅうじん》や現代人《げんだいじん》の脳《のう》はさらに大《おお》きい。ところが、脳《のう》が大《おお》きくなると、脳《のう》を守《まも》る固《かた》い頭骨《とうこつ》も大《おお》きくなって、お母《かあ》さんから赤《あか》ちゃんが生《う》まれるのが難《むずか》しくなってしまうんだ。そこで、人類《じんるい》は赤《あか》ちゃんがまだ未熟《みじゅく》で小《ちい》さいうちに生《う》まれるように進化《しんか》してきた。
たとえば牛《うし》や馬《うま》などは、生《う》まれてから数時間《すうじかん》で立《た》って歩《ある》けるようになるけれど、人間《にんげん》の赤《あか》ちゃんが歩《ある》けるようになるには9か月《げつ》以上《いじょう》もかかる。その分《ぶん》、人類《じんるい》は親《おや》がしっかりと子《こ》どもを守《まも》って脳《のう》も体《からだ》も大《おお》きく育《そだ》てるんだ。

脳《のう》の大《おお》きさの変化《へんか》

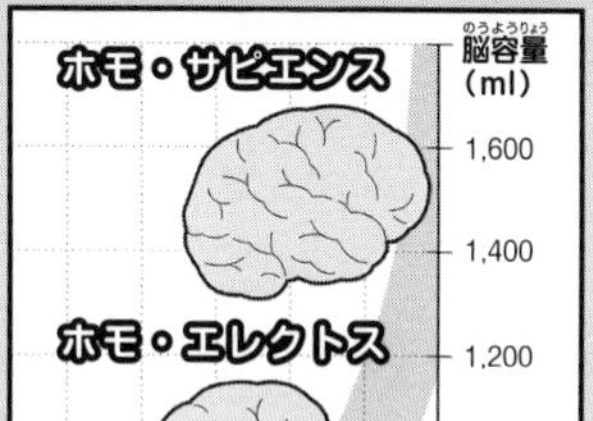
ホモ・サピエンス
脳容量《のうようりょう》
(ml)
1,600
1,400
1,200
1,000
800
600
400
ホモ・エレクトス
ホモ・ハビリス
年代《ねんだい》
(万年前《まんねんまえ》)
200
100
0

イラスト／加藤貴夫

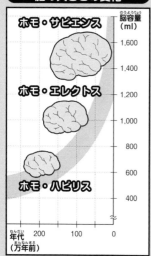

人類《じんるい》最大《さいだい》の発明《はつめい》『火《ひ》』の使用《しよう》！

いつ、どこで、だれが火《ひ》を使《つか》いはじめたのか？

人類《じんるい》の進化《しんか》のなかで、いつごろ、どのように火《ひ》を使《つか》いはじめたのかは、実《じつ》はあまりよくわかっていないんだ。というのも、何十万年《なんじゅうまんねん》以上《いじょう》も前《まえ》の小《ち》さなたき火《び》の跡《あと》は雨《あめ》や風《かぜ》に流《なが》されてとても現代《げんだい》までは残《のこ》りにくいし、火《ひ》が燃《も》えた証拠《しょうこ》を見《み》つけたとしても、人類《じんるい》が使《つか》った火《ひ》なのか、火山《かざん》の噴火《ふんか》や落雷《らくらい》、山火事《やまかじ》、野火《のび》など自然《しぜん》に発生《はっせい》した火《ひ》なのかを、はるか昔《むかし》の痕跡《こんせき》から区別《くべつ》するのはとても難《むずか》しい。

火《ひ》を使用《しよう》した可能性《かのうせい》がある最古《さいこ》の痕跡《こんせき》は、約《やく》150万《まん》年前《ねんまえ》のもので、アフリカのトゥルカナ湖近《こちか》くのクービ・フォラ遺跡《いせき》で、土《つち》や植物《しょくぶつ》が焼《や》けた跡《あと》が発見《はっけん》された。中東《ちゅうとう》のイスラエル北部《ほくぶ》にある約《やく》80万年前《まんねんまえ》のゲシャー・ベノット・ヤーコブ遺跡《いせき》からは、焼《や》けた木片《もくへん》や種《たね》、そして火打石《ひうちいし》と考《かんが》えられる鉱石《こうせき》がいくつかの場所《ばしょ》でまとまって発見《はっけん》されて、場所《ばしょ》を決《き》めてたき火《び》をしていたのではないかと考《かんが》えられている。

たとえば、私《わたし》たちの家《いえ》の中《なか》では、キッチンのコンロで火《ひ》を使《つか》うけれど、古代《こだい》の遺跡《いせき》でも、火《ひ》を使《つか》った証拠《しょうこ》となるのは「炉《ろ》」と呼《よ》ぶ火《ひ》を使《つか》う専用《せんよう》の場所《ばしょ》をつくっていたかどうかだ。加熱《かねつ》された石《いし》がまとまって見《み》つかったり、決《き》まった場所《ばしょ》の土《つち》が焼《や》けていたり、燃《も》えカスや灰《はい》がたまっている場所《ばしょ》があれば、炉《ろ》をつくった証拠《しょうこ》といえる。

もっとも確実《かくじつ》な最古《さいこ》の炉《ろ》の証拠《しょうこ》だと考《かんが》えられているのが、フランスのテラ・アマタ遺跡《いせき》で約《やく》40万年前《まんねんまえ》のものだ。

人類《じんるい》は、自然《しぜん》の火《ひ》をもとに火《ひ》の使《し》用《よう》に何度《なんど》も挑戦《ちょうせん》して、約《やく》40万年前《まんねんまえ》についに炉《ろ》で火《ひ》を絶《た》やさずに燃《も》やし続《つづ》けたり、新《あら》たに火《ひ》を起《お》こして使《つか》うことができるようになったんだ。

イラスト／佐藤諭

料理《りょうり》ができると さらに頭《あたま》がよくなる!?

現代人《げんだいじん》の体《からだ》のなかで、最《もっと》もエネルギーを消費《しょうひ》する器官《きかん》のひとつが脳《のう》だ。重《おも》さは体全体《からだぜんたい》の約《やく》2%しかないのに、消費《しょうひ》するエネルギーは全体《ぜんたい》の約《やく》20%も必要《ひつよう》としている。頭《あたま》で考《かんが》えて勝負《しょうぶ》する将棋《しょうぎ》や囲碁《いご》のプロ棋士《きし》は、1回《かい》の対《たい》局《きょく》で体重《たいじゅう》が2〜3kgも減《へ》ってしまうことがあるほどだ。脳《のう》を活発《かっぱつ》に使《つか》うには、豊富《ほうふ》な栄養《えいよう》が必要《ひつよう》なんだ。

人類《じんるい》が火《ひ》を使《つか》うことで、大《おお》きく変化《へんか》したのが食料《しょくりょう》だ。私《わたし》たち現代人《げんだいじん》はほぼ毎日《まいにち》、加熱調理《かねつちょうり》した食品《しょくひん》を食《た》べている。現代《げんだい》ではIH《アイエイチ》ヒーターや電子《でんし》レンジなど電気《でんき》を使《つか》う道具《どうぐ》も使《つか》われているけれど、元々《もともと》は火《ひ》で調理《ちょうり》していた。

生《なま》の食料《しょくりょう》を加熱調理《かねつちょうり》すると、おいしく食《た》べられるし、食中毒《しょくちゅうどく》になりにくいし、保存《ほぞん》もできる。何《なに》より、肉《にく》の栄養《えいよう》素《そ》のたんぱく質《しつ》や脂質《ししつ》も、米《こめ》や麦《むぎ》、芋《いも》など、植物《しょくぶつ》に多《おお》い栄《えい》養素《ようそ》の炭水化物《たんすいかぶつ》も、加熱《かねつ》すると吸収《きゅうしゅう》しやすくなる。

火《ひ》を使《つか》って料理《りょうり》ができると、同《おな》じ量《りょう》の食料《しょくりょう》でも、よりたくさんのエネルギーにすることができるんだ。

取《と》り込《こ》めるエネルギーが増《ふ》えれば、脳《のう》で使《つか》えるエネルギーも増《ふ》えて、人類《じんるい》は、ますます脳《のう》を大《おお》きく活発《かっぱつ》に進化《しんか》させることができるようになったんだ。

火《ひ》の使用《しよう》が人類《じんるい》に与《あた》えた影響《えいきょう》

イラスト/佐藤諭

特別《とくべつ》コラム 肉食《にくしょく》が人間《にんげん》を長寿《ちょうじゅ》にした?

人類《じんるい》は、他《ほか》のほ乳類《にゅうるい》と比《くら》べてずいぶん長生《なが》きだ。50年《ねん》以上《いじょう》生《い》きる陸上《りくじょう》ほ乳類《にゅうるい》はほとんどいないけれど、現代人《げんだいじん》の平均寿命《へいきんじゅみょう》は70歳《さい》を超《こ》えている。現代人《げんだいじん》が長生《なが》きな理由《りゆう》は、衛生的《えいせいてき》な環境《かんきょう》、医療《いりょう》の発達《はったつ》などがあるけれど、それ以前《いぜん》から長寿《ちょうじゅ》の素質《そしつ》を身《み》につけていたんだ。

人類《じんるい》は肉食《にくしょく》をすることによって、それまでなかった病原体《びょうげんたい》との接触《せっしょく》も増《ふ》えてしまった。それに対応《たいおう》して免疫力《めんえきりょく》などの防御《ぼうぎょ》が大《おお》きく発達《はったつ》したことで、長寿《ちょうじゅ》が可能《かのう》になっていったという説《せつ》があるんだ。

キャンプ

テントで寝《ね》たんだ。
たき火《び》をかこんで歌《うた》ったり、
花火《はなび》をしたり。
キャンプはいいねえ。
もうたのしくてたのしくて。
いいなあ。
ぼくらもやろうか、今夜《こんや》ここで。
やろうやろう。
ハハハ、できるもんか。

人類《じんるい》進化《しんか》の不思議《ふしぎ》Q&A《キューアンドエー》

Q 実《じつ》は人類《じんるい》の他《ほか》にも火《ひ》を使《つか》いこなす動物《どうぶつ》がいる。本当《ほんとう》？ ウソ？

A ウソ　知《し》られている限《かぎ》り、火《ひ》を意図的《いとてき》に使《つか》いこなす生物《せいぶつ》は人間《にんげん》しかいないんだ。

さっ
これは「テントハンカチ」。
みんなでひっぱって。
これをたたむとテントになるんだ。
水《みず》にぬらすと光《ひか》る「安全《あんぜん》花火《はなび》」。
「安全《あんぜん》たき火《び》」。
そしてこれが「夜《よる》ランプ」。
ぱっ
あれっ、ついたら暗《くら》くなった。

ランプのまわりだけ夜《よる》になるんだよ。
星空《ほしぞら》がとってもきれい。
ぼくもいれてえ。
このたき火《び》つめたくてすずしいや。

A 本当《ほんとう》　ウクライナのメジリチ遺跡《いせき》で、マンモスの骨《ほね》でつくった住居《じゅうきょ》あとが見《み》つかっている。

あー、よく寝《ね》た。
あっ、日《ひ》の出《で》だよ。
夕日《ゆうひ》だった。
ほんとの夜《よる》だ。
夜遊《よあそ》びしたら、しかられる。
「昼《ひる》ランプ」につけかえて遊《あそ》ぼう。

誕生《たんじょう》の地《ち》アフリカを出《で》た原人《げんじん》たち

食物《しょくもつ》を求《もと》めて広《ひろ》い世界《せかい》へ旅立《たびだ》った

ホモ・エレクトスは、約《やく》180万年前《まんねんまえ》までにはアフリカを出《で》て、ユーラシア大陸《たいりく》へと進出《しんしゅつ》した。といっても、何《なに》か特別《とくべつ》な目的《もくてき》をもって別《べつ》の大陸《たいりく》を目指《めざ》したというわけではなく、肉食動物《にくしょくどうぶつ》の食《た》べ残《のこ》しや倒《たお》れた動物《どうぶつ》を探《さが》して広《ひろ》い範囲《はんい》を駆《か》け回《まわ》るあいだに、故郷《こきょう》を離《はな》れてしまったのではないかと考《かんが》えられているんだ。

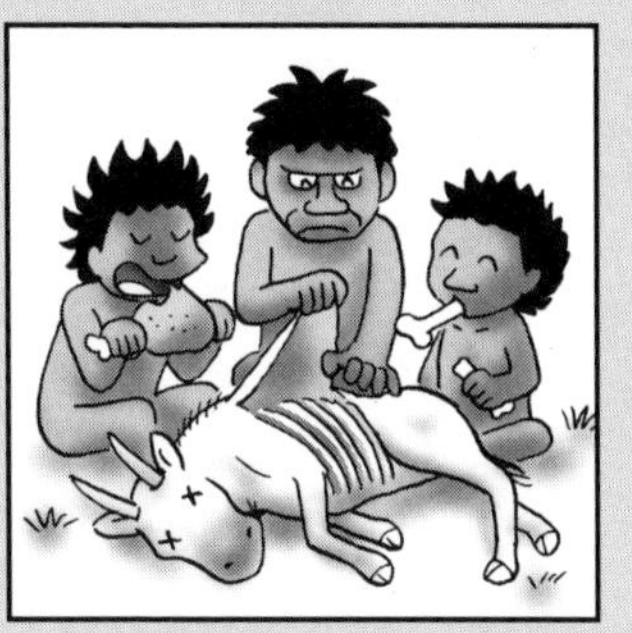

▲火《ひ》のない時代《じだい》は生肉《なまにく》でもごちそうだった。

イラスト／佐藤 諭

現在《げんざい》のアフリカ北部《ほくぶ》は、サハラ砂漠《さばく》が広《ひろ》がっているけれど、約《やく》180万年前《まんねんまえ》は、サバナ気候《きこう》の草原《そうげん》が広《ひろ》がる環境《かんきょう》だった。ホモ・エレクトスのスマートで長《なが》い脚《あし》も、指《ゆび》が短《みじか》い足《あし》も、汗《あせ》をかいて体温調節《たいおんちょうせつ》できる毛《け》が少《すく》ない体《からだ》も、熱帯《ねったい》の草原《そうげん》で長距離《ちょうきょり》を移動《いどう》するのに適《てき》していたんだ。

この時期《じき》には、すでに石器《せっき》を武器《ぶき》に草食動物《そうしょくどうぶつ》を追《お》いかけて、狩《か》りをするようになっていたとする説《せつ》もある。

こうして、アフリカを出《で》たホモ・エレクトスは、世界《せかい》各地《かくち》で環境《かんきょう》に適応《てきおう》しながら独自《どくじ》の進化《しんか》をしていくんだ。

特別《とくべつ》コラム

スカベンジャーからハンターへ

肉食《にくしょく》をする生物《せいぶつ》のうち、初《しょ》期《き》の人類《じんるい》のように、すでに死《し》んでいる動物《どうぶつ》から肉《にく》を得《え》る食《しょく》性《せい》を、生物学《せいぶつがく》の言葉《ことば》でスカベンジャー（腐肉食動物《ふにくしょくどうぶつ》）という。自分《じぶん》で獲物《えもの》を倒《たお》さなくていいかわりに、いつ、肉《にく》にありつけるかわからない。

人類《じんるい》は、直立二足歩行《ちょくりつにそくほこう》を身《み》につけて、道具《どうぐ》や武器《ぶき》を使《つか》いこなし、火《ひ》を扱《あつか》うこともできるようになり、大型動物《おおがたどうぶつ》も狩《か》ることができる強力《きょうりょく》なハンターになっていったんだ。

ユーラシア大陸《たいりく》を旅《たび》した原人《げんじん》たち

ドマニシ遺跡《いせき》で見《み》つかった原人《げんじん》たちのくらし

地中海《ちちゅうかい》につながる黒海《こっかい》と世界最大《せかいさいだい》の湖《みずうみ》カスピ海《かい》に挟《はさ》まれて、ヨーロッパとアジアのちょうど境目《さかいめ》にあたる国《くに》のジョージアのドマニシ遺跡《いせき》では、アフリカ以外《いがい》では最古《さいこ》となる約《やく》180万年前《まんねんまえ》の人類化石《じんるいかせき》が発見《はっけん》された。

くらしていたのは、初期《しょき》のホモ・エレクトスとされるが、頭蓋骨《ずがいこつ》の化石《かせき》は脳容量《のうようりょう》はそれほど大《おお》きくなく、歯《は》が大《おお》きいなど、ホモ・ハビリスにも似《に》た初期人類《しょきじんるい》の特徴《とくちょう》を残《のこ》している。

あごの化石《かせき》からは、むし歯《ば》などの歯《は》の病気《びょうき》が見《み》つかった。同時《どうじ》に動物《どうぶつ》の化石《かせき》も見《み》つかることから肉食《にくしょく》は進《すす》んでいたようだ。でも、もっていた石器《せっき》は最《もっと》も初期《しょき》の段階《だんかい》のものだけだった。ここから、歯《は》で直接《ちょくせつ》骨《ほね》にかじりついたり、骨《ほね》を割《わ》ったりして、歯《は》も道具《どうぐ》として酷使《こくし》していたのではないかと考《かんが》えることができる。

でも、その生活《せいかつ》は驚《おどろ》くほど人間的《にんげんてき》だったようだ。ドマニシ遺跡《いせき》からは、ほとんどの歯《は》が抜《ぬ》けてしまった老人《ろうじん》でも何年《なんねん》も生《い》きていたことがわかる頭骨《とうこつ》が発見《はっけん》されている。歯《は》がなければ食事《しょくじ》はほとんどできなくなってしまうから、柔《やわ》らかい肉《にく》や骨髄《こつずい》を食《た》べさせるような特別《とくべつ》な介護《かいご》をしていた最古《さいこ》の例《れい》だと考《かんが》えられているんだ。

生物《せいぶつ》の多《おお》くは、競争《きょうそう》に勝《か》ち残《のこ》り、環境《かんきょう》に適《てき》応《おう》した能力《のうりょく》を獲得《かくとく》して進化《しんか》してきたけれど、人類《じんるい》にとってはケガをしたり、歳《とし》を取《と》った仲間《なかま》に対《たい》して、思《おも》いやりや工夫《くふう》ができる賢《かしこ》さや優《やさ》しさも、重要《じゅうよう》なんだ。

撮影／大橋賢　撮影協力／国立科学博物館

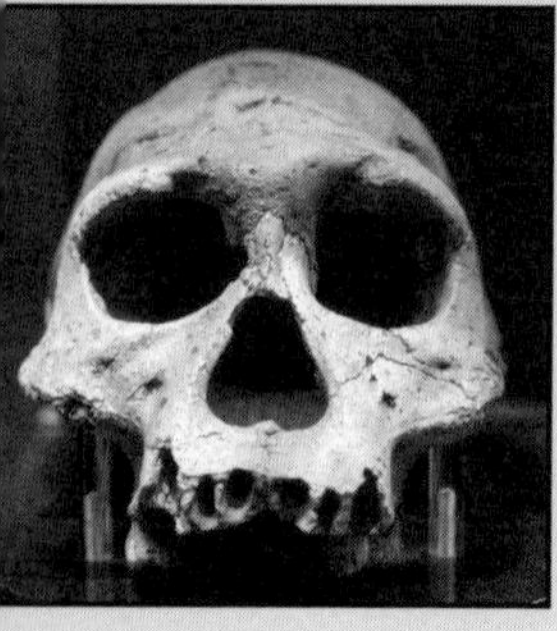

◀ドマニシ遺跡《いせき》で発見《はっけん》された頭骨《とうこつ》。

イラスト／佐藤 諭

中国《ちゅうごく》で発見《はっけん》された北京原人《ぺきんげんじん》

諸説《しょせつ》あるが、約《やく》50万年前《まんねんまえ》から約《やく》25万年前《まんねんまえ》に生《い》きていて、脳容量《のうようりょう》は約《やく》1000ml、眼窩上隆起《がんかじょうりゅうき》が目立《めだ》つ顔立《かおだ》ちだ。

完全《かんぜん》な頭蓋骨《ずがいこつ》のほか、40体分《たいぶん》の化石《かせき》とともに、10万点《まんてん》とも言《い》われる大量《たいりょう》の石器《せっき》が見《み》つかったほか、燃《も》えかすと思《おも》われる灰《はい》や焼《や》けた石《いし》や骨《ほね》が発見《はっけん》されたことから、火《ひ》を使用《しよう》した痕跡《こんせき》ではないかと考《かんが》えられている。

北京郊外《ぺきんこうがい》の周口店洞窟《しゅうこうてんどうくつ》で1920年代《ねんだい》に化石《かせき》が発見《はっけん》されて、「北京原人《ぺきんげんじん》」として有名《ゆうめい》になった。現在《げんざい》の研究《けんきゅう》では、ユーラシア大《たい》陸《りく》を旅《たび》して、アジアに進出《しんしゅつ》したホモ・エレクトスの地域《ちいき》グループで、学名《がくめい》はホモ・エレクトス・ペキネンシスとされている。

画像提供／Ryan Somma CC BY-SA 2.0

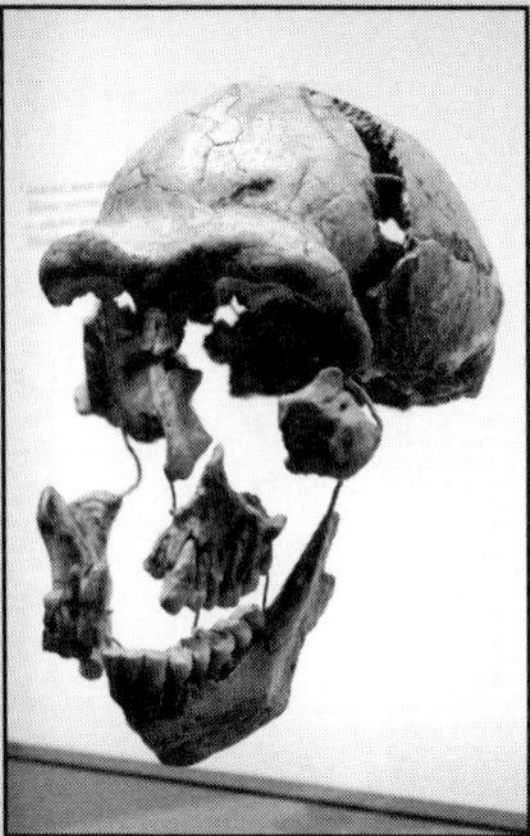

◀北京原人《ぺきんげんじん》の頭骨《とうこつ》のレプリカ。

北京原人《ぺきんげんじん》の化石《かせき》は、第二次世界大戦《だいにじせかいたいせん》の被害《ひがい》を避《さ》けるため、1941年《ねん》に全標本《ぜんひょうほん》をアメリカに避難《ひなん》させようとしたけれど、発送中《はっそうちゅう》に行方不明《ゆくえふめい》になってしまい、今《いま》も見《み》つかっていないんだ。戦後《せんご》の発掘《はっくつ》では、わずかな頭骨《とうこつ》の破《は》片《へん》と歯《は》が見《み》つかっただけだった。幸《さいわ》いなことに、化石《かせき》の詳細《しょうさい》なスケッチや研究記録《けんきゅうきろく》、そして精巧《せいこう》なレプリカが残《のこ》されていて研究《けんきゅう》に役立《やくだ》てられているんだ。

北京原人《ぺきんげんじん》は絶滅《ぜつめつ》してしまった化石人類《かせきじんるい》で、現代《げんだい》のアジア人《じん》の祖先《そせん》ではないけど、中国《ちゅうごく》では、他《ほか》にも元謀原人《げんぼうげんじん》や藍田原人《らんでんげんじん》など、複数《ふくすう》のホモ・エレクトスの地域《ちいき》グループの化石《かせき》が発見《はっけん》されているんだ。

特別《とくべつ》コラム

化石《かせき》が薬《くすり》になる!?

『日本薬局方《にほんやっきょくほう》』という医薬《いやく》品《ひん》の品質規格書《ひんしつきかくしょ》に、気持《きも》ちを静《しず》める効果《こうか》がある「竜骨《りゅうこつ》」という物質《ぶっしつ》が載《の》っている。漢字《かんじ》は竜《りゅう》の骨《ほね》と書《か》くけれど、実《じつ》はマンモスのようなゾウのなかまやサイ、ウマ、ウシなど大型《おおがた》ほ乳類《にゅうるい》の骨《ほね》の化石《かせき》なんだ。まれに恐竜《きょうりゅう》の化石《かせき》が混《ま》ざっていたという説《せつ》もある。骨《ほね》の化石《かせき》なので、主《おも》な成分《せいぶん》は炭酸《たんさん》カルシウムだ。

北京原人《ぺきんげんじん》の化石《かせき》が発見《はっけん》された周《しゅう》口店地区《こうてんちく》の竜骨山《りゅうこつざん》は、名前《なまえ》どおり竜骨《りゅうこつ》の有力《ゆうりょく》な産地《さんち》で、もしかしたら北京原人《ぺきんげんじん》が狩《か》りをした動物《どうぶつ》の化石《かせき》も混《ま》ざっていたかもしれない。

東南《とうなん》アジアに進出《しんしゅつ》した原人《げんじん》たち

東南《とうなん》アジアに進出《しんしゅつ》したジャワ原人《げんじん》

約《やく》180万年前《まんねんまえ》にアフリカを出《で》た初期《しょき》のホモ・エレクトスは、ユーラシア大陸《たいりく》を横断《おうだん》して、東南《とうなん》アジアまでたどり着《つ》いた。タイからインドネシア周辺《しゅうへん》は、氷期《ひょうき》などの海水面《かいすいめん》が低《ひく》い時期《じき》には大陸棚《たいりくだな》の部分《ぶぶん》がスンダランドと呼《よ》ばれる広大《こうだい》な平野《へいや》になっていたはずだ。草原《そうげん》に森《もり》が点在《てんざい》し木《き》の実《み》や小動物《しょうどうぶつ》も豊富《ほうふ》な環境《かんきょう》で、アフリカなど他《ほか》の原人《げんじん》とは異《こと》なる生活《せいかつ》ができたかもしれないんだ。

紅茶《こうちゃ》の産地《さんち》として有名《ゆうめい》なインドネシアのジャワ島《とう》のトリニールで1891年《ねん》に発見《はっけん》された化石人類《かせきじんるい》のなかまが「ジャワ原人《げんじん》」だ。発見当初《はっけんとうしょ》はさまざまな説《せつ》が言《い》われたが、現在《げんざい》ではホモ・エレクトスの地域《ちいき》グループのひとつで、学名《がくめい》はホモ・エレクトス・エレクトスとされている。脳容量《のうようりょう》は900mlから1000mlくらいで、ホモ・エレクトスとしては標準的《ひょうじゅんてき》だ。約《やく》150万年前《まんねんまえ》から10万年前《まんねんまえ》近《ちか》くまでの長《なが》い期間《きかん》を同《おな》じ地域《ちいき》で過《す》ごす間《あいだ》に独自《どくじ》の進化《しんか》をして、サンギランで発見《はっけん》された初期《しょき》の化石《かせき》と、ガンドンで発見《はっけん》された最後《さいご》のジャワ原人《げんじん》のグループでは、似《に》た特徴《とくちょう》をもちながら、頭骨《とうこつ》の形《かたち》に違《ちが》いができているんだ。

イラスト／加藤貴夫

▲ジャワ島《とう》を含《ふく》むスンダランドの範囲《はんい》。

特別《とくべつ》コラム

ジャワ原人《げんじん》が「元祖《がんそ》」ホモ・エレクトス

生物学《せいぶつがく》の世界《せかい》では、新種《しんしゅ》を発表《はっぴょう》するときに、その根拠《こんきょ》になった標本《ひょうほん》をタイプ標本《ひょうほん》という。ホモ・エレクトスのタイプ標本《ひょうほん》は、ジャワ原人《げんじん》の化石《かせき》なんだ。オランダ人《じん》のマリ・ウジェーヌ・フランソワ・トマ・デュボワ博士《はかせ》（長《なが》い！）が発見《はっけん》したことから、タイプ標本《ひょうほん》はオランダのナチュラリス生物多様性《せいぶつたようせい》センターに所蔵《しょぞう》されている。

島《しま》でくらした小《ちい》さなホモ・フロレシエンシス

２００３年《ねん》に、インドネシアの東部《とうぶ》にあるフローレス島《とう》のリャン・ブア洞窟《どうくつ》で、約《やく》10万年《まんねん》から約《やく》６万年前《まんねんまえ》に生《い》きていたと考《かんが》えられる原人《げんじん》らしい化石《かせき》が発見《はっけん》された。これまでにまったく知《し》られていなかった新種《しんしゅ》の原人《げんじん》で、ホモ・フロレシエンシスと名《な》づけられたんだ。身長《しんちょう》は大人《おとな》でも約《やく》１ｍほどと驚《おどろ》くほど小《ちい》さく、脳容量《のうようりょう》もチンパンジーと同《おな》じくらいの約《やく》４００mlしかない。

◀ホモ・フロレシエンシスとフローレス島《とう》の生物《せいぶつ》

写真／大橋賢　撮影協力／国立科学博物館

脳《のう》が小《ちい》さければ、知能《ちのう》も低《ひく》くなりそうだけれど、同時《どうじ》に見《み》つかった約《やく》19万年《まんねん》から約《やく》５万年前《まんねんまえ》のものとされる石器《せっき》は高度《こうど》なもので、火《ひ》を使《つか》っていた痕跡《こんせき》もあったんだ。脳《のう》を大《おお》きく進化《しんか》させて知性《ちせい》を高《たか》めてきたホモ属《ぞく》の進化《しんか》のなかで、脳《のう》が小《ちい》さくなる進化《しんか》があったことも驚《おどろ》きだった。

２０１６年《ねん》には、同《おな》じフローレス島《とう》のソア盆地《ぼんち》から少《すこ》し原始的《げんしてき》な特徴《とくちょう》をもつホモ・フロレシエンシスのなかまの化石《かせき》が発見《はっけん》されて、約《やく》70万年前《まんねんまえ》には、すでに小柄《こがら》になっていたことが確《たし》かめられている。現代人《げんだいじん》、他《た》の化石人《かせきじん》類《るい》と比較《ひかく》した歯《は》の形態《けいたい》の詳細《しょうさい》な研究《けんきゅう》から、初期《しょき》のジャワ原人《げんじん》と共通点《きょうつうてん》が多《おお》いことがわかったんだ。

外敵《がいてき》が少《すく》なく、場所《ばしょ》も資源《しげん》も限《かぎ》られた島《しま》の環境《かんきょう》では、「島嶼化《とうしょか》」といって生物《せいぶつ》は小型《こがた》に進化《しんか》する傾向《けいこう》がある。ジャワ原人《げんじん》がフローレス島《とう》に移《うつ》り住《す》み、島嶼化《とうしょか》の影響《えいきょう》で小型化《こがたか》したのではないかと考《かんが》えられているんだ。

特別《とくべつ》コラム　マンモスも小《ちい》さくなる!?

北極海《ほっきょくかい》のウランゲリ島《とう》にすんでいたコビトマンモスは、現生《げんせい》のゾウの３分《ぶん》の１程度《ていど》しかない、肩高《けんこう》１m程《ほど》まで小型化《こがたか》していたことが知《し》られている。ウサギより大《おお》きい動物《どうぶつ》は、島嶼化《とうしょか》の影響《えいきょう》で小《しょう》さくなる可能性《かのうせい》があるんだ。反対《はんたい》に小《ちい》さな動物《どうぶつ》が、大《おお》きくなる可能性《かのうせい》もある。フローレス島《とう》のジャイアントラットは、普通《ふつう》のネズミの２倍近《ばいちか》い大《おお》きさになる。昆虫《こんちゅう》では、世界最《せかいさい》長《ちょう》のクワガタムシともいわれるギラファノコギリクワガタもフローレス島《とう》のものが最大《さいだい》なんだ。

野比《のび》くんじゃないか！
やあっ、これはこれは。
なつかしいなあ。何《なん》十年《ねん》ぶりかね。
すっかりごりっぱになられて……。
いやいや、きみこそ大《おお》きくなったなあ。
今《いま》もかいてるの？
いえ、もうすっかりあきらめました。
あの人《ひと》みたことあるよ。
うん、よく新聞《しんぶん》や、雑誌《ざっし》に写真《しゃしん》がのってる。

この絵《え》600万円《まんえん》

人類進化《じんるいしんか》の不思議《ふしぎ》Q&A《キューアンドエー》

Q 世界一高《せかいいちたか》い絵《え》はいくら? ①約《やく》5億円《おくえん》 ②約《やく》50億円《おくえん》 ③約《やく》500億円《おくえん》

A ③約《やく》500億円《おくえん》　レオナルド・ダ・ヴィンチの「サルバドール・ムンディ」という絵《え》だ。（2018年《ねん》7月現在《がつげんざい》のデータです。）

人類《じんるい》進化《しんか》の不思議《ふしぎ》Q&A《キューアンドエー》

Q 世界《せかい》一古《いちふる》い絵《え》はいつ頃《ごろ》の絵《え》？ ①約《やく》600年前《ねんまえ》 ②約《やく》6000年前《ねんまえ》 ③約《やく》6万年前《まんねんまえ》

A ③約《やく》6万年前《まんねんまえ》　スペインの洞窟《どうくつ》で見《み》つかった壁画《へきが》で、手形《てがた》や幾何学模様《きかがくもよう》が描《えが》かれていた。

ジワー
ありがとう！
はじめてだ！きみたちがはじめてだよ。
ほんとにもう世《よ》の中《なか》は、芸術《げいじゅつ》のわからんやつばっかりで。
だれも、ぼくの絵《え》をみとめてくれん！じつは、絵《え》をやめようかとさえ思《おも》ってたら……。
はじめて、ぼくの絵《え》をほしがってくれる人《ひと》があらわれた。
絵《え》かきをやめるなんて、とんでもない。
いまに、日本中《にっぽんじゅう》の人《ひと》が、先生《せんせい》の絵《え》をほしがりますよ。
自信《じしん》がついた。
やるぞっ！
さあ、どれでも好《す》きな絵《え》をもっていきなさい。

人類《じんるい》進化《しんか》の不思議《ふしぎ》Q&A《キューアンドエー》

Q 人類《じんるい》の中《なか》で最《もっと》も脳《のう》が大《おお》きいのは、現代人《げんだいじん》ではない。本当《ほんとう》？　ウソ？

A 本当《ほんとう》　ホモ・ネアンデルターレンシス（ネアンデルタール人《じん》）の中《なか》には現代人《げんだいじん》よりも脳《のう》が大《おお》きい個体《こたい》もいたんだ。

人類《じんるい》進化《しんか》の不思議《ふしぎ》Q&A《キューアンドエー》

Q 世界一《せかいいち》大《おお》きな絵《え》はどのくらいの大《おお》きさ？

①約《やく》10m　②約《やく》3000m　③約《やく》1000m

A ②約《やく》300m　ナスカの地上絵《ちじょうえ》に約《やく》300mの絵《え》があるぞ。

へんな子《こ》！
ほう、野比《のび》さんも絵《え》をかくのですか。
そう。
画家《がか》になるのが、ぼくのゆめなんだ。
いや、それはむりだ。
あなたはサラリーマンにしかなれませんよ。わかってるんだ。
なんだ、きみたちは？帰《かえ》れっ!!
絵《え》をうってもらう約束《やくそく》なんだよ。
好《す》きなのもっていきな。
そうさせてもらいます。
これなんかどう？
この絵《え》が、いちばんうまいと思《おも》うよ。
すくなくとも、何《なに》かいたか見当《けんとう》がつくもんね。
じゃあ、がんばってね。
おじゃまさま。

600万円
まさか。
パパ!これみて。
あっ。
みなさい。ぼくが、中学生《ちゅうがくせい》のころかいた絵《え》だ!
どこへいったかと思《おも》っていたが、なつかしいなあ。

現代《げんだい》人《じん》の最大《さいだい》のライバル　ホモ・ネアンデルターレンシス

現代《げんだい》人《じん》の祖先《そせん》
旧人《きゅうじん》ホモ・ハイデルベルゲンシス

ドイツのハイデルベルクで最初《さいしょ》の化石《かせき》が発見《はっけん》されたホモ・ハイデルベルゲンシスは、約《やく》70万年前《まんねんまえ》から約《やく》20万年《まんねん》前《まえ》に生《い》きていた、旧人《きゅうじん》の段階《だんかい》まで進化《しんか》した人類《じんるい》だ。眼窩《がんか》上隆起《じょうりゅうき》という目《め》の上《うえ》の部分《ぶぶん》が大《おお》きく張《は》り出《だ》しているのが特徴《とくちょう》で、額《ひたい》は狭《せま》い。脳容量《のうようりょう》は１１００㎖から１４００㎖まで大《おお》きくなっていた。旧人《きゅうじん》ネアンデルターレンシスと現代人《げんだいじん》ホモ・サピエンスの共通《きょうつう》の祖先《そせん》で、地球全体《ちきゅうぜんたい》が寒冷《かんれい》な氷《ひょう》河時代《がじだい》にヨーロッパ北部《ほくぶ》のドイツに進出《しんしゅつ》できたことから、寒《さむ》さに適応《てきおう》できた最初《さいしょ》の人類《じんるい》ではないかと考《かんが》えられている。

像提供／ Gerbil

最初《さいしょ》に見《み》つかった下顎骨《かがくこつ》の化石《かせき》。

旧人《きゅうじん》ホモ・ネアンデルターレンシスの登場《とうじょう》

絶滅《ぜつめつ》した人類《じんるい》のなかで、私《わたし》たち現代人《げんだいじん》に最《もっと》も近《ちか》いと考《かんが》えられている人類《じんるい》がホモ・ネアンデルターレンシスで、約《やく》40万年前《まんねんまえ》から約《やく》4万年前《まんねんまえ》まで生《い》きていた。アフリカでは化石《かせき》が見《み》つからないことから、ヨーロッパでホモ・ハイデルベルゲンシスから進化《しんか》したと考《かんが》えられている。

脳容量《のうようりょう》は１５００㎖前後《ぜんご》あり、現代人《げんだいじん》より脳《のう》が大《おお》きい人《ひと》もいたようだ。体格《たいかく》は身長《しんちょう》が男女《だんじょ》ともに平均約《へいきんやく》１６５㎝で、体重《たいじゅう》は男性《だんせい》が約《やく》65㎏、女性《じょせい》は約《やく》55㎏で、現代人《げんだいじん》よりも少《すこ》し背《せ》が低《ひく》く、胴長短足《どうながたんそく》ぎみでがっしりとした体型《たいけい》だった。これは、氷河時代《ひょうがじだい》の寒冷《かんれい》な環境《かんきょう》でも熱《ねつ》を逃《に》がしにくいからだったと考《かんが》えられている。

洞窟《どうくつ》を住処《すみか》にしていて、火《ひ》を使《つか》うことができ、毛皮《けがわ》を腐《くさ》りにくいように加工《かこう》してコートのように着《き》ることもできた。石器《せっき》を使《つか》った槍《やり》や斧《おの》を武器《ぶき》に、仲間《なかま》と協力《きょうりょく》して大《おお》型動物《がたどうぶつ》も狩《か》ることができるハンターだったんだ。

写真／大橋賢　撮影協力／国立科学博物館

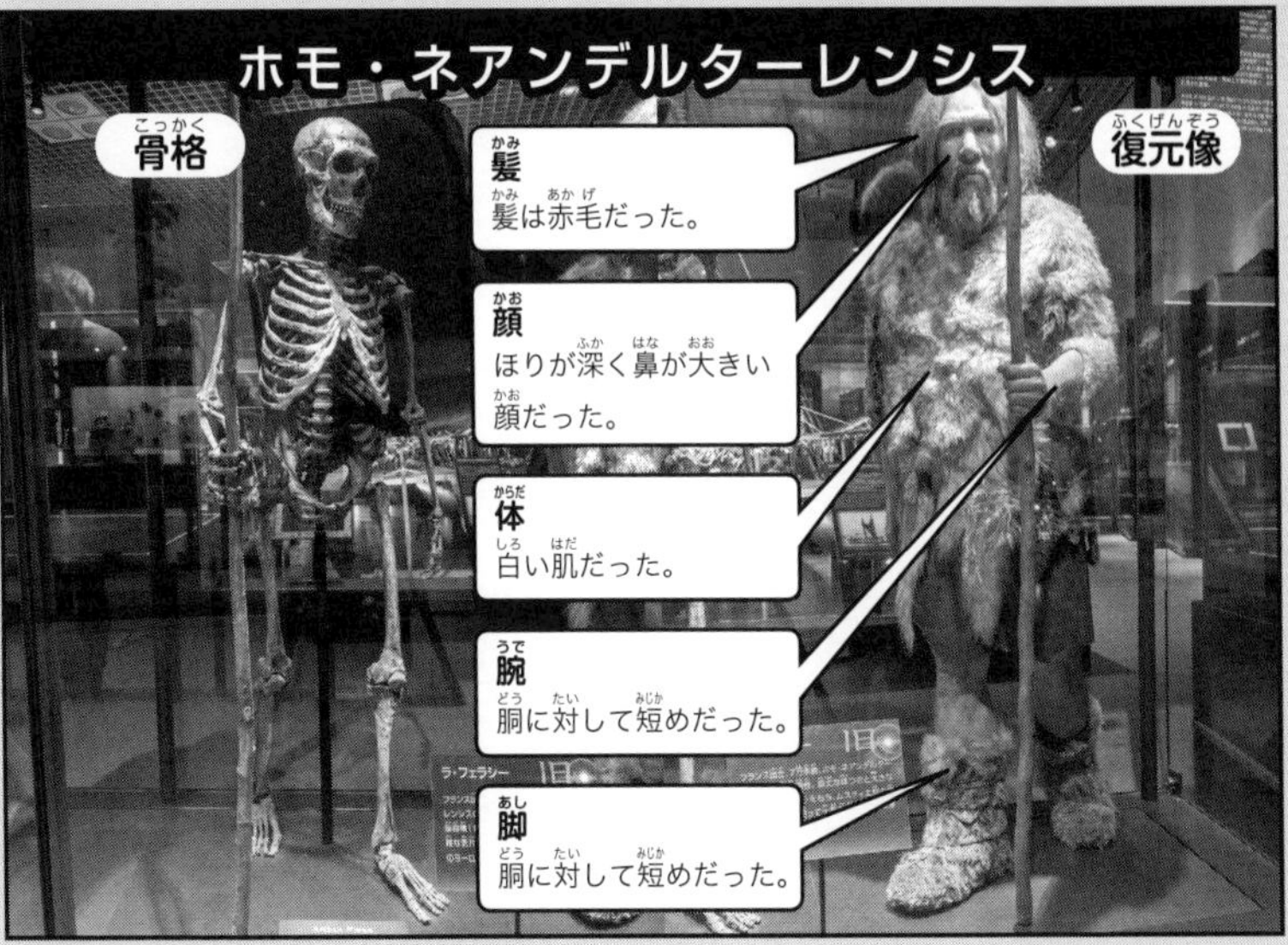
ホモ・ネアンデルターレンシス
骨格《こっかく》
復元像《ふくげんぞう》
髪《かみ》
髪《かみ》は赤毛《あかげ》だった。
顔《かお》
ほりが深《ふか》く鼻《はな》が大《おお》きい顔《かお》だった。
体《からだ》
白《しろ》い肌《はだ》だった。
腕《うで》
胴《どう》に対《たい》して短《みじか》めだった。
脚《あし》
胴《どう》に対《たい》して短《みじか》めだった。

仲間《なかま》が亡《な》くなった後《あと》には土《つち》に埋《う》める習慣《しゅうかん》があったとも言《い》われる。骨《ほね》とともに大量《たいりょう》の花粉《かふん》が見《み》つかった例《れい》もあり、否定的《ひていてき》な意見《いけん》もあるけれど、お墓《はか》に花《はな》を供《そな》えた証拠《しょうこ》とも考《かんが》えられているんだ。現代人《げんだいじん》にはあたりまえの習慣《しゅうかん》だが、旧人《きゅうじん》にも同《おな》じような習慣《しゅうかん》があったかもしれない。

芸術的《げいじゅつてき》な活動《かつどう》は苦手《にがて》だと考《かんが》えられていたが、最新《さいしん》の研究《けんきゅう》では、スペインの洞窟《どうくつ》で見《み》つかった赤《あか》い顔料《がんりょう》で描《えが》かれた壁画《へきが》は、約《やく》6万《まん》4000年前《ねんまえ》にホモ・ネアンデルターレンシスが描《えが》いたものとされ、これが本当《ほんとう》だとすると、かなり文化的《ぶんかてき》な活動《かつどう》もしていたことになる。

特別《とくべつ》コラム

もう1種《しゅ》の旧人《きゅうじん》　デニソワ人《じん》

2008年《ねん》に、ロシアのアルタイ山脈《さんみゃく》にあるデニソワ洞窟《どうくつ》で、指《ゆび》の骨《ほね》1本《ぽん》と歯《は》1個《こ》だけが化石《かせき》として発見《はっけん》された。見《み》つかった化石《かせき》のＤＮＡ解析《ディーエヌエーかいせき》から、これまで知《し》られていたどの人類《じんるい》とも違《ちが》う、ホモ・ネアンデルターレンシスと共通《きょうつう》の祖先《そせん》をもつグループで、約《やく》64万年前《まんねんまえ》に分《わ》かれて進化《しんか》したと考《かんが》えられている。ＤＮＡ《ディーエヌエー》の情報《じょうほう》から新種《しんしゅ》が提案《ていあん》されたのは、人類学史上《じんるいがくしじょう》はじめてのことだった。

デニソワ人《じん》はもう絶滅《ぜつめつ》してしまったけれど、現代人《げんだいじん》の一部《いちぶ》にはデニソワ人《じん》固有《こゆう》のＤＮＡ《ディーエヌエー》が受《う》け継《つ》がれていることがわかっている。

現代人《げんだいじん》、ホモ・サピエンスが出現《しゅつげん》！

新人《しんじん》ホモ・サピエンスの登場《とうじょう》

私《わたし》たち現代人《げんだいじん》は、「新《しん》人《じん》」とも呼《よ》ばれるホモ・サピエンスという種《しゅ》に属《ぞく》している。エチオピアで約《やく》19万年前《まんねんまえ》の化石《かせき》が発見《はっけん》されていて、今《いま》から約《やく》20万年前《まんねんまえ》にアフリカに残《のこ》ったホモ・ハイデルベルゲンシスから進化《しんか》したと考《かんが》えられていたけれど、2017年《ねん》にモロッコで約《やく》30万年前《まんねんまえ》のホモ・サピエンスの化石《かせき》が発見《はっけん》されていて、進化《しんか》の道筋《みちすじ》はまだ確定《かくてい》していないんだ。

ラスト／加藤貴夫

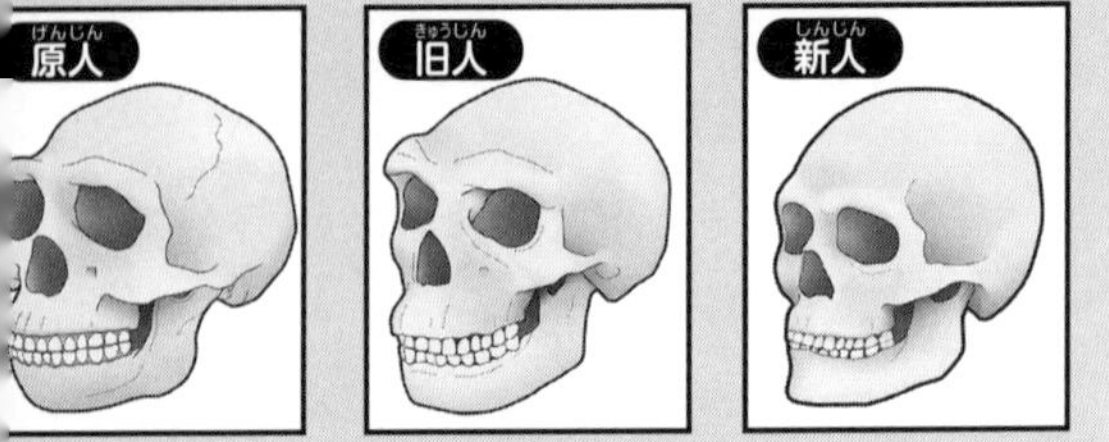

原人《げんじん》から旧人《きゅうじん》、ホモ・サピエンス（新人《しんじん》）へ進化《しんか》が進《すす》むと、口《くち》の突《つ》き出《だ》し
や眼窩上隆起《がんかじょうりゅうき》が小《ちい》さくなり、頭《あたま》がまるくなっていく。

ホモ・サピエンスの特徴《とくちょう》

脳容量《のうようりょう》は約《やく》1400mlで、ホモ・ネアンデルターレンシスよりも少《すこ》し少《すく》ないくらいだ。顔立《かおだ》ちは頬《ほほ》が細《ほそ》く歯《は》が小《ちい》さくて、額《ひたい》は目《め》の上《うえ》から垂直《すいちょく》に立《た》っていて、原人《げんじん》のような眼窩上隆起《がんかじょうりゅうき》は発達《はったつ》していない。脳《のう》をつつむ頭頂部《とうちょうぶ》が丸《まる》いアーチ型《がた》になっているのも特徴《とくちょう》だ。頭《あたま》が丸《まる》いのは当《あ》たり前《まえ》に思《おも》えるけれど、人類《じんるい》のなかでもホモ・サピエンス独自《どくじ》の特徴《とくちょう》なんだ。体型《たいけい》は、全体的《ぜんたいてき》にスマートで、腰回《こしまわ》りが細《ほそ》く足《あし》が長《なが》いのも特徴《とくちょう》だ。

小顔《こがお》でスリムで脚《あし》が長《なが》い人《ひと》がモテるのは、もしかしたらホモ・サピエンスらしい特徴《とくちょう》をたくさん感《かん》じるからかもしれない。

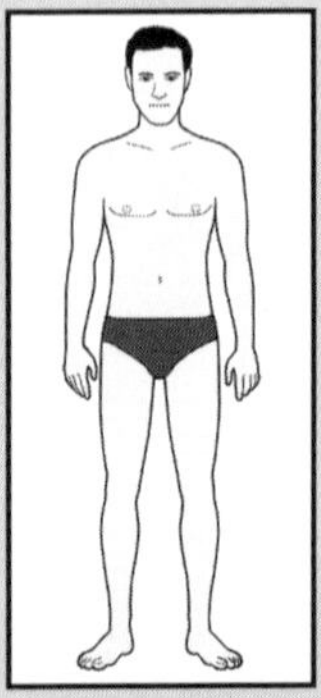

◀私《わたし》たち現代人《げんだいじん》は、どの人《ひと》もみんなホモ・サピエンスだ。

イラスト／加藤貴夫

ホモ・サピエンスの頭《あたま》のなかで考《かんが》える力《ちから》

脳《のう》を大《おお》きく進化《しんか》させてきた人類《じんるい》が、ホモ・サピエンスの段階《だんかい》に至《いた》って獲得《かくとく》した大《おお》きな力《ちから》が、頭《あたま》のなかで考《かんが》える力《ちから》とそれを表現《ひょうげん》する力《ちから》だ。

頭《あたま》のなかで考《かんが》えるには、覚《おぼ》えていることを思《おも》い浮《う》かべたり、単純《たんじゅん》なイメージに置《お》き換《か》えたり、組《く》み合《あ》わせたりする。このような頭《あたま》のなかでの働《はたら》きを表象思考能力《ひょうしょうしこうのうりょく》という。考《かんが》える能力《のうりょく》が高《たか》まると、いろいろな条件《じょうけん》で結果《けっか》を予《よ》測《そく》をしたり、複雑《ふくざつ》な手順《てじゅん》を簡単《かんたん》に覚《おぼ》えたり、実際《じっさい》に起《お》きたことを正《ただ》しく記憶《きおく》できるようになった。

考《かんが》えや記憶《きおく》を表現《ひょうげん》して仲間《なかま》に伝《つた》えたり、道具《どうぐ》や狩《か》りの工夫《くふう》を教《おし》え合《あ》うことで、表《ひょう》象思考能力《しょうしこうのうりょく》が高《たか》まり、だんだんと人間《にんげん》らしい能力《のうりょく》や行動《こうどう》が発展《はってん》していったんだ。

イラスト／佐藤 諭

▲想像力《そうぞうりょく》が大事《だいじ》なんだ。

人類《じんるい》に寄生《きせい》するシラミからも人類《じんるい》の進化《しんか》がわかる？

シラミは、生物《せいぶつ》に寄生《きせい》してかゆみや湿疹《しっしん》などをおこす原因《げんいん》になる、体長約《たいちょうやく》3㎜程度《ていど》の小《ちい》さな昆虫《こんちゅう》だ。

人間《にんげん》に寄生《きせい》するのは、髪《かみ》の毛《け》にすむアタマジラミと衣《い》類《るい》にすむコロモジラミの2種《しゅ》が知《し》られている。元々《もともと》は1つの種《しゅ》だったのが、人間《にんげん》が衣類《いるい》を身《み》につけるようになったことで新《あら》たな住処《すみか》を見《み》つけて2つの種《しゅ》に分《わ》かれたんだ。

シラミのたんぱく質《しつ》や遺伝子《いでんし》の研究《けんきゅう》から、アタマジラミとコロモジラミが分《わ》かれたのは、約《やく》7万年前《まんねんまえ》と推定《すいてい》された。衣類《いるい》は化石《かせき》や石器《せっき》のように長《ちょう》期間残《きかんのこ》りにくいため、衣類《いるい》を身《み》につけるようになったのかを確《たし》かめることは難《むずか》しかったけれど、シラミの研《けん》究《きゅう》からそのヒントがわかったんだ。

▼人間《にんげん》に寄生《きせい》するヒトジラミのなかま。

ヨーロッパで活動《かつどう》したクロマニョン人《じん》

　ヨーロッパに進出《しんしゅつ》したホモ・サピエンスのグループは、フランスのクロマニョン洞窟《どうくつ》で最初《さいしょ》の化石《かせき》が発見《はっけん》されたことから、クロマニョン人《じん》と呼《よ》ばれている。約《やく》4万《まん》2000年前《ねんまえ》にヨーロッパに進出《しんしゅつ》し、約《やく》3万年前《まんねんまえ》にはヨーロッパ全域《ぜんいき》で活動《かつどう》するようになったんだ。定住《ていじゅう》せずに野生《やせい》の動物《どうぶつ》の狩猟《しゅりょう》と植物《しょくぶつ》の採集《さいしゅう》を繰《く》り返《かえ》す、狩猟採集生活《しゅりょうさいしゅうせいかつ》をしていて、精巧《せいこう》な石器《せっき》づくりはもちろん、約《やく》2万年前《まんねんまえ》より後《あと》の時代《じだい》には、投槍器《とうそうき》や弓矢《ゆみや》などの飛《と》び道具《どうぐ》も使《つか》う優《すぐ》れた狩人《かりゅうど》だった。

　クロマニョン人《じん》は高《たか》い芸術性《げいじゅつせい》ももっていた。約《やく》1万《まん》8000年前《ねんまえ》のフランスのラスコー洞窟《どうくつ》の壁面《へきめん》には、クロマニョン人《じん》が描《えが》いた壁画《へきが》が残《のこ》っている。黒《くろ》、赤《あか》、茶色《ちゃいろ》など5色《しょく》の顔料《がんりょう》を使《つか》い分《わ》けてウシ、シカ、ウマなどの動《どう》物《ぶつ》や人間《にんげん》などが描《えが》かれたんだ。まんがで高価《こうか》な絵《え》が出《で》てきたけれど、クロマニョン人《じん》がはるか昔《むかし》に描《えが》いた壁画《へきが》は世界遺産《せかいいさん》となっていて、何億円払《なんおくえんはら》っても買《か》えないほどの価値《かち》がある。

　楽器《がっき》がつくられたのもこの頃《ころ》で、鳥《とり》や動物《どうぶつ》の骨《ほね》でつくった約《やく》4万年前《まんねんまえ》の横笛《よこぶえ》が発見《はっけん》されている。クロマニョン人《じん》は音楽《おんがく》を奏《かな》でることもできたんだ。

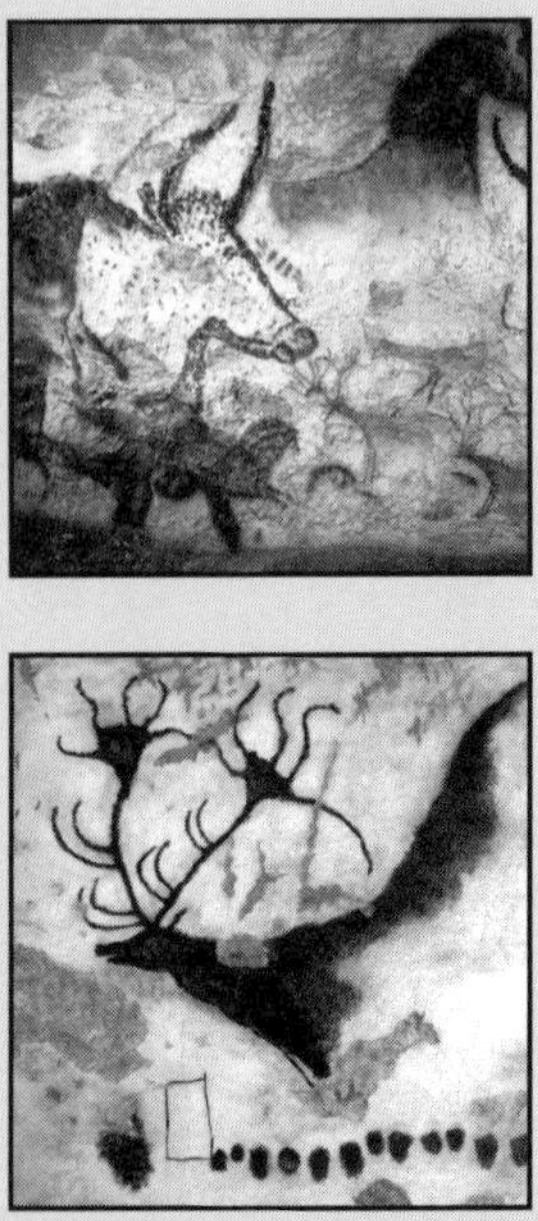

◀ラスコー洞窟《どうくつ》に描《えが》かれた牡牛《おうし》やオオツノジカなどの動物《どうぶつ》や模様《もよう》。

写真／大橋賢　撮影協力／国立科学博物館

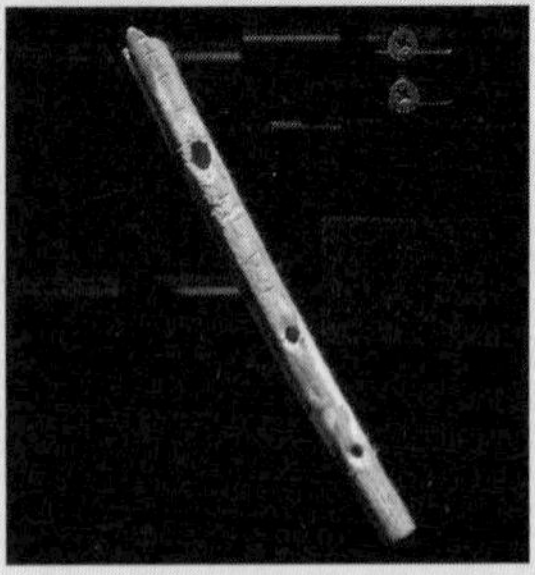

◀白鳥《はくちょう》の骨《ほね》でつくられたフルート。

ホモ・サピエンスの仲間《なかま》と協力《きょうりょく》する力《ちから》

ホモ・サピエンスが仲間《なかま》と協力《きょうりょく》する力《ちから》は、協力《きょうりょく》する相《あい》手《て》を同《おな》じホモ・サピエンスだけに限《かぎ》らなかった。狩《か》りのパートナーとして、イヌと共闘《きょうとう》することができたんだ。

ホモ・サピエンスとイヌは、群《む》れをつくって動物《どうぶつ》を狩《か》る点《てん》で共通《きょうつう》していた。イヌが追《お》い詰《つ》めて武器《ぶき》をもつホモ・サピエンスが仕留《しと》める、強力《きょうりょく》なタッグになったんだ。あまりにも強力《きょうりょく》すぎて、気候変動《きこうへんどう》で数《かず》が少《すく》なくなっていた多《おお》くの大型動物《おおがたどうぶつ》を絶滅《ぜつめつ》させてしまったほどだ。

現代《げんだい》では、イヌは猟犬《りょうけん》だけでなく、警察犬《けいさつけん》や盲導犬《もうどうけん》などさまざまな役割《やくわり》で人間《にんげん》と共生《きょうせい》しているんだ。

特別《とくべつ》コラム　オオカミからイヌへ

イヌは、野生《やせい》のオオカミが人間《にんげん》と共生《きょうせい》することで生《う》まれた新《あたら》しい種類《しゅるい》の動物《どうぶつ》で、特《とく》にイエイヌと呼《よ》ぶこともある。

いつごろイヌになったのか、確《たし》かな年代《ねんだい》はまだわかっていないけれど、約《やく》3万《まん》5000年前《ねんまえ》の化石《かせき》にはイヌらしい特徴《とくちょう》が確《かく》認《にん》されているんだ。

現代《げんだい》ではさまざまな特《とく》徴《ちょう》をもつ300以上《いじょう》の犬種《けんしゅ》が知《し》られているよ。

ホモ・ネアンデルターレンシスの絶滅《ぜつめつ》

ホモ・ネアンデルターレンシスは、ホモ・サピエンスがヨーロッパに進出《しんしゅつ》した後《あと》も、少《すく》なくとも数千年《すうせんねん》の間《あいだ》は同《おな》じ地域《ちいき》で過《す》ごしていた。でも、ほとんどが約《やく》4万年前《まんねんまえ》には姿《すがた》を消《け》してしまっていたんだ。

絶滅《ぜつめつ》の原因《げんいん》はさまざまな可能性《かのうせい》が考《かんが》えられている。氷《ひょう》期《き》の気候《きこう》の急激《きゅうげき》な変動《へんどう》や大規模《だいきぼ》な火山《かざん》の噴火《ふんか》など、自然《しぜん》環境《かんきょう》の変化《へんか》に耐《た》えられなかったとする説《せつ》、ホモ・サピエンスとの緩《ゆる》やかな生存競争《せいぞんきょうそう》によって数《かず》を減《へ》らしていったとする説《せつ》もある。

でも、すべてが消《き》えてしまったわけではない。最新《さいしん》の研究《けんきゅう》では、私《わたし》たち現代人《げんだいじん》にはホモ・ネアンデルターレンシスのD《ディー》NA《エヌエー》が数《すう》%受《う》け継《つ》がれていることがわかってきたんだ。

▼ホモ・ネアンデルターレンシスが過《す》ごした洞窟《どうくつ》。

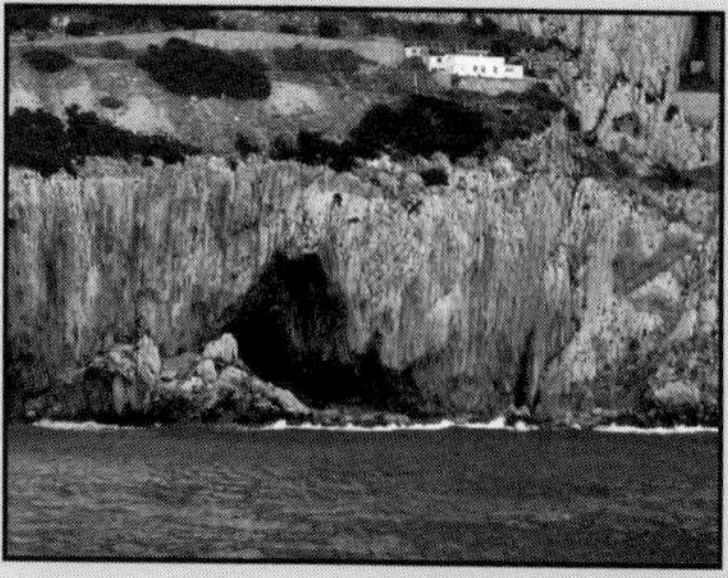

画像提供／Gibmetal77／Wikimedia Commons

実《じっ》感《かん》帽《ぼう》

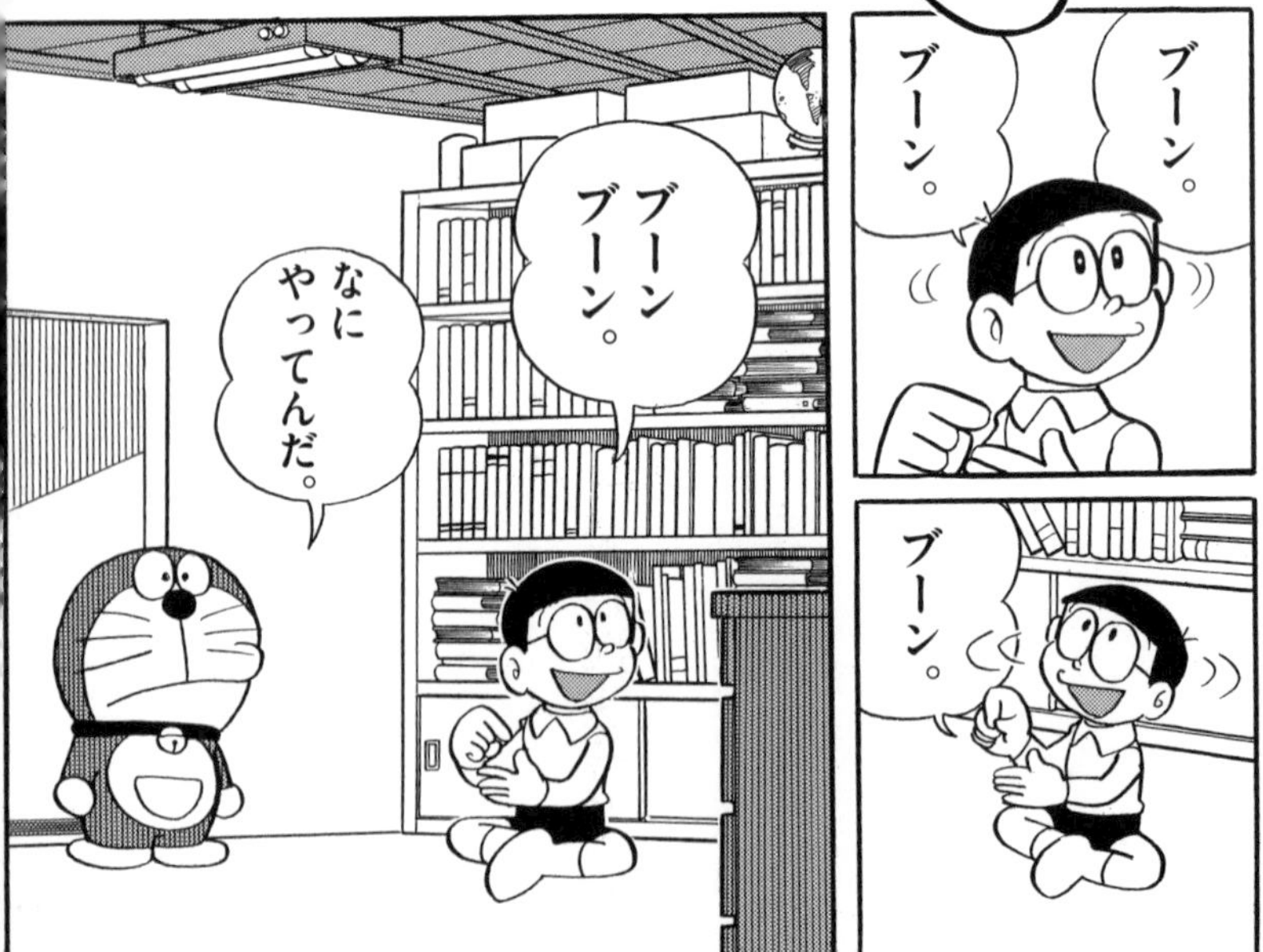

空想《くうそう》のラジコン飛行機《ひこうき》を飛《と》ばしてるの。
クウソウ？
どうしても買《か》ってもらえないし。どうしてもほしいし…。
それで空想《くうそう》の？
いじらしい!!
ホロリ
ラジコンだしてくれるの。
考《かん》えがあまいよ。
「実感帽《じっかんぼう》」
これをかぶって、だしたいもののすがたを、頭《あたま》の中《なか》に思《おも》いうかべる。
すると、目《め》のまえにそれがあらわれる。
つまり本物《ほんもの》がでてくるの。
あまいってんだよ。
まぼろしだよ。だから、ほかの人《ひと》には見《み》えない。
つまんない。
でも、本人《ほんにん》には本物《ほんもの》としか思《おも》えないんだ。

人類《じんるい》進化《しんか》の不思議《ふしぎ》Q《キュー》&《アンド》A《エー》

Q ホモ・サピエンスは、すべての陸地《りくち》に住《す》んでいる。本当《ほんとう》? ウソ?

A ウソ　すべての大陸《たいりく》に住《す》んでいるけれど、無人島《むじんとう》もあるからすべての陸地《りくち》ではない。

人類《じんるい》進化《しんか》の不思議《ふしぎ》Q&A《キューアンドエー》

Q デオキシリボ核酸《かくさん》の略語《りゃくご》はどれかな？

①DVD《ディーブイディー》　②DNA《ディーエヌエー》　③DSLR《ディーエスエルアール》

A
②DNA《ディーエヌエー》 DVD《ディーブイディー》は動画《どうが》などを記録《きろく》する大容量《だいようりょう》のディスク、DSLR《ディーエスエルアール》はデジタル一眼《いちがん》レフカメラのことだ。

かせ！
そら、ライオン とびかかれ！
そうか、まぼろしは ひとには 通《つう》じないんだっけ。
おれがほしいものはだな。あれと、あれと、あれと…。
でた！
おっ、こりゃ かっこいいぞ。
こいつは うまいや。
こりゃすげえ、ウヒウヒウヒ。
なに だしてんだろ うらやましい。
返《かえ》してえ。
しばらく かりる。
いい帽子《ぼうし》だ。
かぶりっぱなしで いよう。

ウ〜〜ン…………。
まだおってくる。
いいかげんにきえてくれ。
なにをこわがってんだろ。

世界《せかい》に拡散《かくさん》したホモ・サピエンス

何度《なんど》も何度《なんど》もアフリカを出発《しゅっぱつ》

現在《げんざい》では全世界《ぜんせかい》に進出《しんしゅつ》しているホモ・サピエンスが、本格的《ほんかくてき》にアフリカを出発《しゅっぱつ》したのは、約《やく》6万年前《まんねんまえ》だった。北《きた》ルートでは砂漠《さばく》を越《こ》えて、南《みなみ》ルートでは海《うみ》を越《こ》えて、他《ほか》の大陸《たいりく》に進出《しんしゅつ》した。

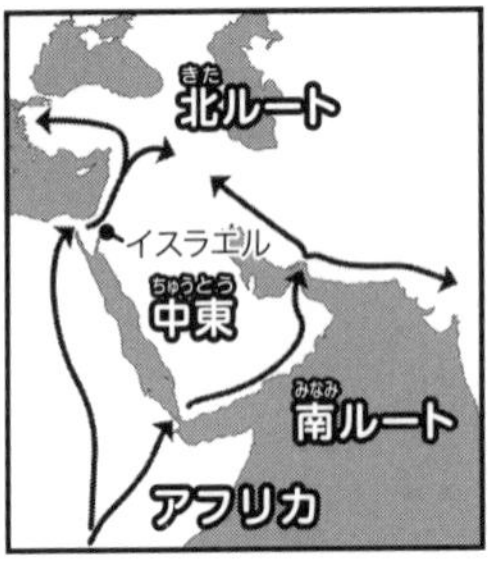

イラスト／加藤貴夫

特別《とくべつ》コラム 失敗《しっぱい》した最初《さいしょ》の挑戦《ちょうせん》

北《きた》ルートにあたる中東《ちゅうとう》のイスラエル周辺《しゅうへん》で、約《やく》19万年前《まんねんまえ》のホモ・サピエンスの化石《かせき》が発見《はっけん》されている。現代人《げんだいじん》につながる祖先《そせん》よりもはるか昔《むかし》にアフリカを出発《しゅっぱつ》したグループもいたんだ。

でも、約《やく》10万年前《まんねんまえ》には氷河時代《ひょうがじだい》の気候《きこう》の寒冷化《かんれいか》がはじまって、このグループはその後《ご》、南《みなみ》に移動《いどう》したか、絶滅《ぜつめつ》してしまったのかもしれないんだ。

東南《とうなん》アジアを越《こ》えてオーストラリアへ

中東《ちゅうとう》から南《みなみ》アジアを通《とお》ったグループは、およそ5万《まん》年前《ねんまえ》には東南《とうなん》アジアに進出《しんしゅつ》した。ラオスやマレーシアでは、4万数千年《まんすうせんねん》前《まえ》のホモ・サピエンスの化石《かせき》が発見《はっけん》された。オーストラリアでも約《やく》4万《まん》年前《ねんまえ》の化石《かせき》が発見《はっけん》され、海《うみ》を渡《わた》って進出《しんしゅつ》したことがわかっている。

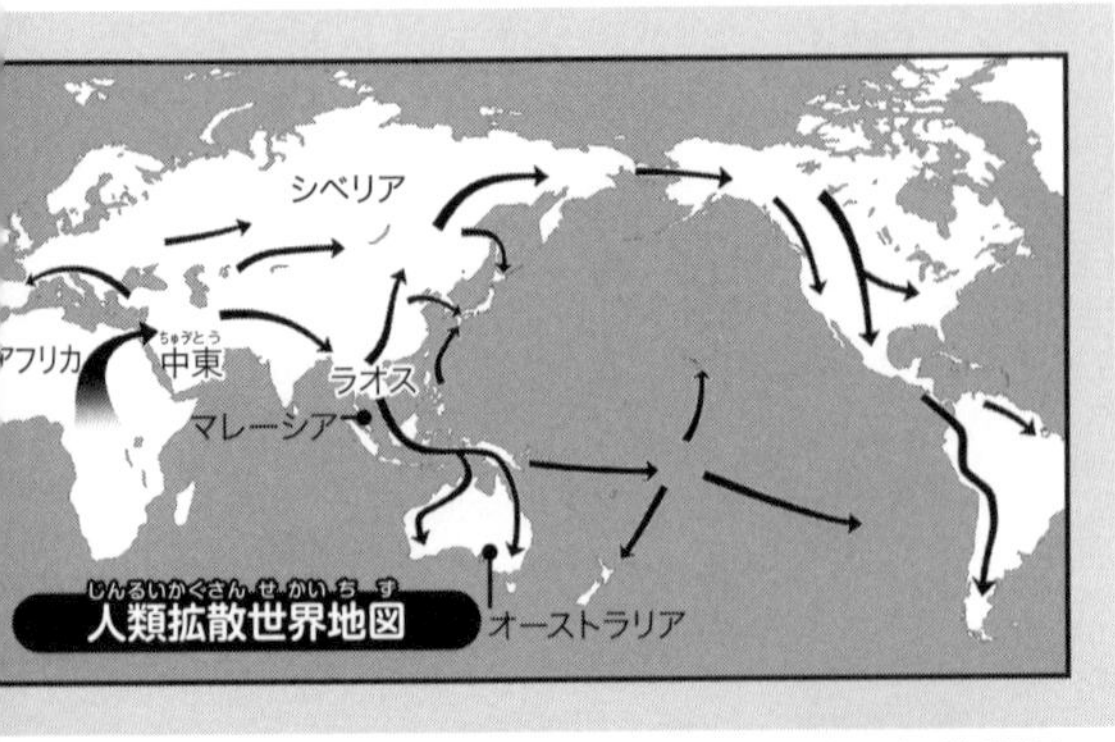

イラスト／加藤貴夫

シベリアを越《こ》えて東《ひがし》アジアへ

一方《いっぽう》、中東《ちゅうとう》から北《きた》へ進《すす》んだグループは、約《やく》4万《まん》5000年前《ねんまえ》から3万年前《まんねんまえ》にはシベリアまで到達《とうたつ》した。この頃《ころ》のシベリアは、平均気温《へいきんきおん》が約《やく》マイナス10℃の極寒《ごっかん》の環境《かんきょう》だったけれど、火《ひ》を使《つか》い、毛皮《けがわ》の衣服《いふく》をつくり、竪穴式住居《たてあなしきじゅうきょ》で寒《さむ》さをしのげれば、マンモスなどの大型動物《おおがたどうぶつ》が多《おお》く食料《しょくりょう》は豊富《ほうふ》で、マンモスの牙《きば》の彫刻《ちょうこく》や人形《にんぎょう》などの芸術《げいじゅつ》も発達《はったつ》した。同《おな》じ時期《じき》に旧人《きゅうじん》のデニソワ人《じん》もくらしていて、何《なん》らかの交流《こうりゅう》があった可能性《かのうせい》もあるんだ。

シベリアから南下《なんか》した一部《いちぶ》のグループは、日本《にほん》を含《ふく》む東《ひがし》アジアへも進出《しんしゅつ》しているんだ。

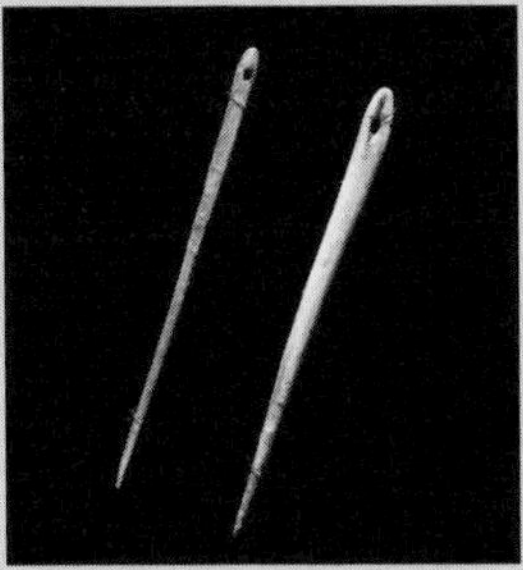

◀衣服《いふく》をつくった縫《ぬ》い針《ばり》。

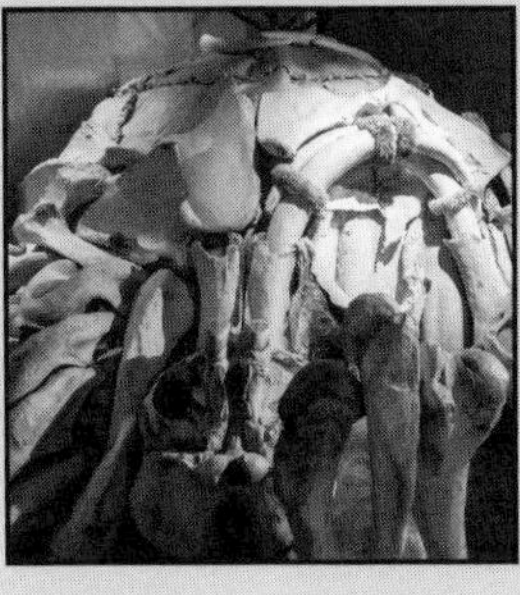

◀マンモスの骨《ほね》でつくった住居《じゅうきょ》。

写真／大橋賢　撮影協力／国立科学博物館

南北《なんぼく》アメリカ大陸《たいりく》へ

氷河時代《ひょうがじだい》、シベリアとアメリカ大陸《たいりく》の間《あいだ》はベーリンジアと呼《よ》ばれる陸橋《りっきょう》で陸続《りくつづ》きになっていた。ホモ・サピエンスは約《やく》3万年前《まんねんまえ》にはベーリンジアにたどり着《つ》いたけれど、寒冷化《かんれいか》が進《すす》み、ベーリンジアと大陸《たいりく》の間《あいだ》が氷《こおり》でさえぎられて、1万年以上《まんねんいじょう》も閉《と》じ込《こ》められてしまう。やがて、氷期《ひょうき》が終《お》わり氷《こおり》が溶《と》けた陸橋《りっきょう》を越《こ》えてアメリカ大陸《たいりく》へと渡《わた》ったのが、内陸《ないりく》ルートだ。ベーリンジアの南岸《なんがん》を舟《ふね》も活用《かつよう》して海沿《うみぞ》いに渡《わた》ったグループもあって、沿岸《えんがん》ルートと呼《よ》んでいる。

南米《なんべい》のチリのモンテ・ベルデ遺跡《いせき》では、約《やく》1万《まん》4500年前《ねんまえ》にホモ・サピエンスが到達《とうたつ》していた痕跡《こんせき》が見《み》つかっている。

◀氷河《ひょうが》を越《こ》えて南北《なんぼく》アメリカ大陸《たいりく》に広《ひろ》がった。

イラスト／加藤貴夫

世《せ》界《かい》で生《い》きのびたホモ・サピエンスの大《おお》きな武《ぶ》器《き》

言葉《ことば》を話《はな》すことができるようになった!

鳥《とり》や動物《どうぶつ》も、音《おと》を使《つか》ったコミュニケーションをするけれど、人間《にんげん》ほど複雑《ふくざつ》な言葉《ことば》を使《つか》う生物《せいぶつ》は他《ほか》にいない。複雑《ふくざつ》な言葉《ことば》を話《はな》すには、言葉《ことば》を理解《りかい》して体《からだ》を動《うご》かす脳《のう》の働《はたら》きと、うまく発音《はつおん》できる喉《のど》の構造《こうぞう》が必要《ひつよう》なんだ。

ホモ・サピエンスは、人類《じんるい》が直立二足歩行《ちょくりつにそくほこう》をはじめたことで、頭《あたま》が首《くび》の真上《まうえ》に乗《の》り、口《くち》から首《くび》までの形《かたち》が変化《へんか》し、特《とく》に音《おと》を出《だ》す声帯《せいたい》の上《うえ》の空間《くうかん》が広《ひろ》くなって、複雑《ふくざつ》な音《おと》を発声《はっせい》できるようになった。

イラスト/加藤貴夫

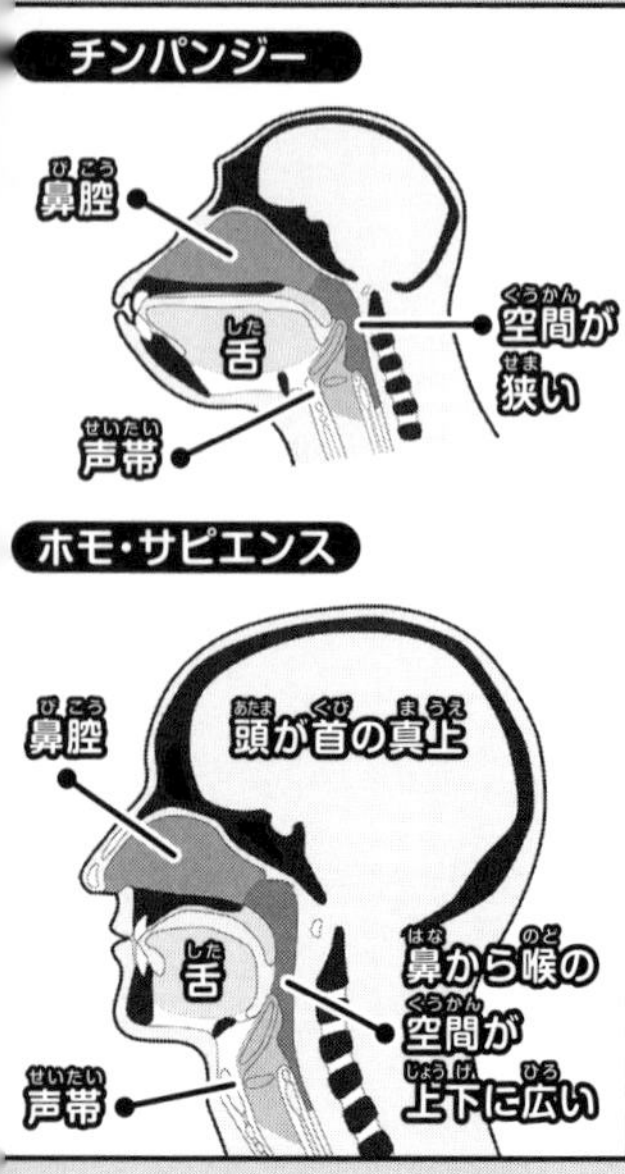
チンパンジー
鼻腔《びこう》
舌《した》
空間《くうかん》が狭《せま》い
声帯《せいたい》
ホモ・サピエンス
頭《あたま》が首《くび》の真上《まうえ》
鼻腔《びこう》
舌《した》
鼻《はな》から喉《のど》の空間《くうかん》が上下《じょうげ》に広《ひろ》い
声帯《せいたい》

日本語《にほんご》の場合《ばあい》、基本《きほん》の50音《おん》に、濁音《だくおん》(゛)や半濁音《はんだくおん》(゜)促音《そくおん》(っ)などを合《あ》わせると100以上《いじょう》の音《おと》を組《く》み合《あ》わせて使《つか》いこなしているんだ。

言葉《ことば》は化石《かせき》のように残《のこ》らないから、はじまりは正確《せいかく》にはわからないけれど、道具《どうぐ》の発達《はったつ》などから約《やく》10万年前《まんねんまえ》とする説《せつ》がある。高度《こうど》な道具《どうぐ》をつくる方法《ほうほう》を子孫《しそん》に教《おし》えるために、言葉《ことば》が必要《ひつよう》だからだ。

記録《きろく》として残《のこ》る最古《さいこ》の言葉《ことば》としては、約《やく》8000年前《ねんまえ》の文字《もじ》が発見《はっけん》されている。

特別《とくべつ》コラム

ホモ・ネアンデルターレンシスは言葉《ことば》を話《はな》せたか?

現代人《げんだいじん》を超《こ》えるほどの大《おお》きな脳《のう》をもち、のどや首《くび》の構造《こうぞう》もあまり変《か》わらない。舌《した》は筋肉《きんにく》なので化石《かせき》にならないけれど、舌骨《ぜっこつ》という舌《した》を支《ささ》える骨《ほね》の化石《かせき》から、口《くち》や舌《した》の機能《きのう》もホモ・サピエンスに近《ちか》く、同《おな》じような発音《はつおん》ができたと考《かんが》えられている。言葉《ことば》は残《のこ》っていないけれど、ホモ・サピエンス以外《いがい》で唯一《ゆいいつ》言葉《ことば》を話《はな》せた可能性《かのうせい》があるんだ。

道具《どうぐ》を使《つか》って環境《かんきょう》に適応《てきおう》する

ほとんどの生物《せいぶつ》は、環境《かんきょう》に適応《てきおう》して体《からだ》の形《かたち》や機能《きのう》を進《しん》化《か》させて、たくさんの種《しゅ》になることで繁栄《はんえい》してきた。

でも、アフリカで誕生《たんじょう》してから、草原《そうげん》でも森林《しんりん》でも高《こう》山《ざん》でも海《うみ》の島《しま》でも雪国《ゆきぐに》でも変《か》わることなく、世界《せかい》に約《やく》76億人《おくにん》以上《いじょう》いる人間《にんげん》は、みんなホモ・サピエンスだ。

寒《さむ》ければ衣服《いふく》を着《き》、住《す》みやすい洞窟《どうくつ》がなければ家《いえ》を建《た》てるように、周囲《しゅうい》の環境《かんきょう》が変化《へんか》しても、対応《たいおう》する道具《どうぐ》を発明《はつめい》し、改良《かいりょう》・発展《はってん》させることで、種《しゅ》が変《か》わるような大《おお》きな変化《へんか》をせずに、技術《ぎじゅつ》の力《ちから》で適応《てきおう》してきたんだ。

特別《とくべつ》コラム　すべての大陸《たいりく》に住《す》むホモ・サピエンス

ホモ・サピエンスが世界《せかい》に拡散《かくさん》していくなかで、唯一《ゆいいつ》住《す》むことができなかったのが南《なん》極大陸《きょくたいりく》だ。嵐《あらし》と海流《かいりゅう》に阻《はば》まれてたどり着《つ》くのも難《むずか》しく、マイナス94℃という地球上《ちきゅうじょう》の最低気温《さいていきおん》を記録《きろく》していて、生《せい》物《ぶつ》もほとんどいない。とても住《す》める環境《かんきょう》とは思《おも》えないけれど、現在《げんざい》では、日本《にほん》を含《ふく》む世界《せかい》各国《かっこく》の南極観測隊《なんきょくかんそくたい》が基地《きち》をつくって生活《せいかつ》している。今《いま》や、ホモ・サピエンスは地球《ちきゅう》のすべての大陸《たいりく》に広《ひろ》がっているんだ。

海《うみ》へと進出《しんしゅつ》した海洋民《かいようみん》の出現《しゅつげん》

ホモ・サピエンスが海《うみ》を渡《わた》る原始的《げんしてき》な方法《ほうほう》を身《み》につけたのは、早《はや》ければ約《やく》6万年《まんねん》以上前《いじょうまえ》のことだ。約《やく》4万年《まんねん》前《まえ》にはオーストラリアにも進出《しんしゅつ》している。この頃《ころ》の舟《ふね》は、草《くさ》や竹《たけ》、丸太《まるた》などの浮《う》きやすい材料《ざいりょう》を植物《しょくぶつ》のつるなどでまとめた、いかだかごく簡単《かんたん》な舟《ふね》のようなものだった。

海《うみ》への進出《しんしゅつ》が大《おお》きく進《すす》んだのは、最後《さいご》の氷期《ひょうき》が終《お》わりに近《ちか》づく約《やく》1万《まん》5000年前《ねんまえ》から1万年《まんねん》ほどの間《あいだ》だ。気《き》候《こう》が温暖化《おんだんか》し、氷《こおり》が溶《と》けて海水面《かいすいめん》が上昇《じょうしょう》する間《あいだ》に、海《うみ》を渡《わた》る技術《ぎじゅつ》を高《たか》めた人々《ひとびと》は、太平洋《たいへいよう》の島々《しまじま》へも進出《しんしゅつ》した。

約《やく》1万年前《まんねんまえ》には海辺《うみべ》や河口《かこう》に定住《ていじゅう》して貝類《かいるい》を主食《しゅしょく》にする人々《ひとびと》が現《あらわ》れ、貝殻《かいがら》を捨《す》てた跡《あと》が貝塚《かいづか》となって残《のこ》っているんだ。

イラスト／佐藤 諭

DNA《ディーエヌエー》研究《けんきゅう》が解《と》き明《あ》かすホモ・サピエンスの進化《しんか》

mtDNA《ミトコンドリアディーエヌエー》でさぐるホモ・サピエンスの起源《きげん》

ミトコンドリアは、生物《せいぶつ》の細胞《さいぼう》にある小器官《しょうきかん》で、全体《ぜんたい》のDNA《ディーエヌエー》とは別《べつ》に独自《どくじ》のDNA《ディーエヌエー》（mtDNA《ミトコンドリアディーエヌエー》）をもっている。一定確率《いっていかくりつ》で突然変異《とつぜんへんい》を起《お》こして変化《へんか》していくので、同《おな》じ祖先《そせん》をもつ変化《へんか》をグループ分《わ》けして、ハプログループと呼《よ》んでいるんだ。mtDNA《ミトコンドリアディーエヌエー》は必《かなら》ず母親《ははおや》から子《こ》どもに受《う》け継《つ》がれるので、ハプログループの変《へん》化《か》をさかのぼっていけば、すべての現代《げんだい》人《じん》に共通《きょうつう》の母親《ははおや》がいることになる。

実際《じっさい》に研究《けんきゅう》を進《すす》めると、現代人《げんだいじん》の共通《きょうつう》の祖先《そせん》といえる女性《じょせい》は約《やく》20万年前《まんねんまえ》のアフリカに住《す》んでいたことがわかった。

20世紀末《せいきまつ》までは、それぞれの地域《ちいき》で進化《しんか》して現代人《げんだいじん》になったとする多地域進化説《たちいきしんかせつ》とアフリカ起源説《きげんせつ》が対立《たいりつ》していたけれど、DNA研究《ディーエヌエーけんきゅう》からはアフリカ起源説《きげんせつ》が有力《ゆうりょく》だ。同《おな》じように、男性《だんせい》だけに受《う》け継《つ》がれるY染色体《せんしょくたい》の変化《へんか》をさかぼって研究《けんきゅう》することもできる。こちらも約《やく》20万年《まんねん》から約《やく》30万年前《まんねんまえ》のひとりの男性《だんせい》にたどり着《つ》く。DNA《ディーエヌエー》を使《つか》った研究《けんきゅう》は、人類《じんるい》の進化《しんか》を解《と》き明《あ》かすのに欠《か》かせない新《あら》たなツールになっているんだ。

イラスト／加藤貴夫

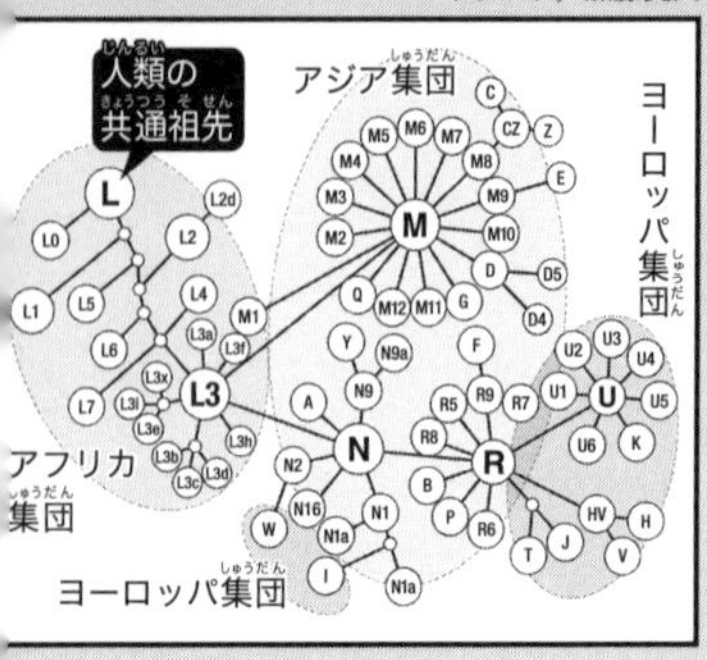

mtDNA《ミトコンドリアディーエヌエー》によるハプログループ。

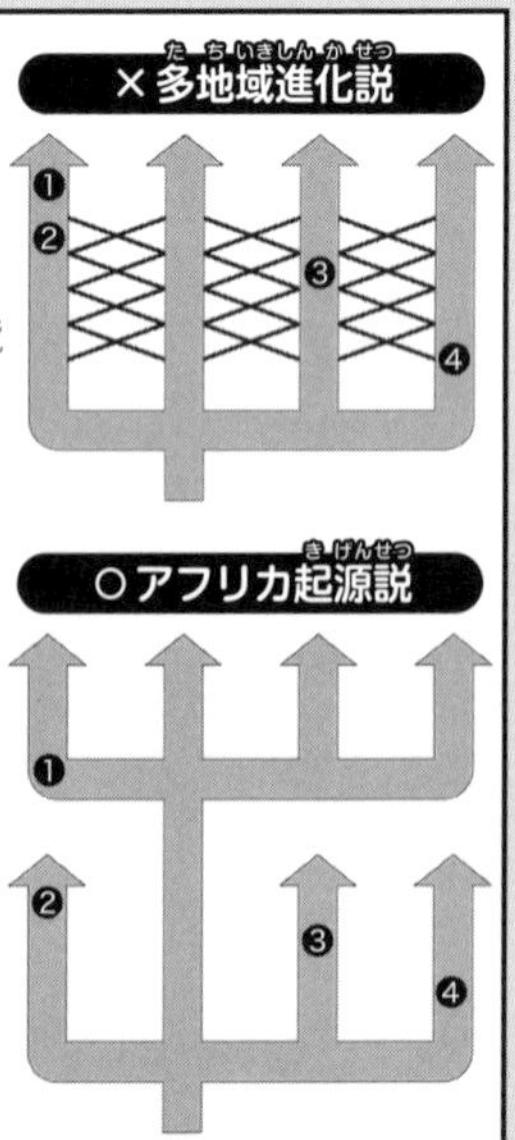

❶クロマニヨン人《じん》 ❷ホモ・ネアンデルターレンシス
❸❹ホモ・エレクトス（❸北京原人《ぺきんげんじん》 ❹ジャワ原人《げんじん》）

イラスト／加藤貴夫

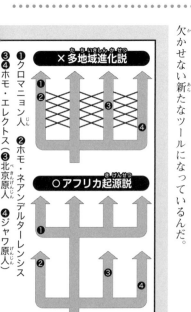

さらに詳《くわ》しいことがわかる 核DNA解析《かくディーエヌエーかいせき》

現在《げんざい》は、mtDNA《ミトコンドリアディーエヌエー》よりはるかに大《おお》きなDNA《ディーエヌエー》の並《なら》びで構成《こうせい》される核《かく》DNA《ディーエヌエー》を解析《かいせき》する研究《けんきゅう》も進《すす》んでいる。核《かく》DNA《ディーエヌエー》は両親《りょうしん》の双方《そうほう》から受《う》け継《つ》がれるため、ひとり分《ぶん》のデータからでも混血《こんけつ》の度合《どあ》いや集団《しゅうだん》の分岐年代《ぶんきねんだい》、祖先《そせん》の推定《すいてい》が可能《かのう》だ。さらに個人《こじん》の身体的《しんたいてき》な特徴《とくちょう》もわかる。

ヨーロッパアルプスの山中《さんちゅう》で発見《はっけん》された約《やく》5300年前《ねんまえ》の男性《だんせい》の冷凍《れいとう》ミイラ「アイスマン」の核DNA解析《かくディーエヌエーかいせき》では、mtDNA《ミトコンドリアディーエヌエー》ではたどれなかった彼《かれ》の系統《けいとう》に関《かん》して、南《みなみ》ヨーロッパ集《しゅう》団《だん》、特《とく》に南西《なんせい》ヨーロッパのグループに近《ちか》い遺伝的《いでんてき》な特《とく》徴《ちょう》が明《あき》らかにされた。血液型《けつえきがた》がO型《オーがた》で、高血圧《こうけつあつ》や心臓《しんぞう》病《びょう》のリスクが高《たか》いこともわかったんだ。

イラスト／佐藤 諭

ホモ・サピエンスに残《のこ》された 他《ほか》の人類《じんるい》のDNA《ディーエヌエー》

数万年前《すうまんねんまえ》の化石《かせき》からもDNA情報《ディーエヌエーじょうほう》を抽出《ちゅうしゅつ》して比較《ひかく》できるようになると、私《わたし》たち現代人《げんだいじん》がホモ・ネアンデルターレンシスやデニソワ人《じん》といった、すでに絶滅《ぜつめつ》してしまった人類《じんるい》のDNA《ディーエヌエー》を受《う》け継《つ》いでいることが確《たし》かめられた。その一部《いちぶ》は免疫力《めんえきりょく》を高《たか》める働《はたら》きをしている可能性《かのうせい》もある。

他《ほか》の人類《じんるい》との混血《こんけつ》を考《かんが》えると、現代人《げんだいじん》を単純《たんじゅん》なアフリカ起源説《きげんせつ》だけで説明《せつめい》するのは難《むずか》しい。それぞれの地域《ちいき》で、別《べつ》の人類《じんるい》と交《まじ》わることで、地域《ちいき》ごとに過《す》ごしやすい能力《のうりょく》を受《う》け継《つ》いでいるかもしれないんだ。このような考《かんが》えは新《あら》たな多地域進化説《たちいきしんかせつ》として注目《ちゅうもく》されているよ。

特別《とくべつ》コラム

未知《みち》の人類《じんるい》の痕跡《こんせき》

ホモ・サピエンスのD《ディー》NA《エヌエー》の研究《けんきゅう》からは、ホモ・ネアンデルターレンシスとデニソワ人《じん》の他《ほか》にもう1種《しゅ》、未知《みち》の人類《じんるい》の痕跡《こんせき》が示《しめ》されている。

未知《みち》の人類《じんるい》なので、いつごろ、どこに住《す》んでいたのかも、どんな姿《すがた》をしていたのかもわからない。

将来《しょうらい》、化石《かせき》が発見《はっけん》されてDNA《ディーエヌエー》を抽出《ちゅうしゅつ》できれば、この未知《みち》の人類《じんるい》も詳《くわ》しくわかるかもしれない。

石器《せっき》時代《じだい》の王《おう》さまに
これだっ。
大むかしの人びと

ぼくにぴったりの時代《じだい》!
なにが?
石器時代《せっきじだい》だよ。何万年《なんまんねん》もむかし、人間《にんげん》がサルみたいなくらしをしてたころ。
電灯《でんとう》とか自動車《じどうしゃ》とか飛行機《ひこうき》とか、便利《べんり》なものをなにひとつ知《し》らないだろ。
そこへぼくが行《い》って、いろいろ教《おし》えてやる。

Q 歯《は》医者《いしゃ》さんのはじまりは新石器《しんせっき》時代《じだい》だった。本当《ほんとう》？ ウソ？

A 本当《ほんとう》　新石器時代《しんせっきじだい》の人骨《じんこつ》に、石《いし》のドリルで歯《は》に穴《あな》をあけたあとが残《のこ》っている。

なんてことだ。
村《むら》なんかひとつも見《み》つからない。
朝《あさ》からこれだけ歩《ある》きまわって、人《ひと》の気配《けはい》さえしない。
考《かんが》えてみりゃあたりまえだ。
十万年《まんねん》前《まえ》なら、人間《にんげん》の数《かず》もすくなかったからな。
地球《ちきゅう》のあっちこっちで、ひとかたまりずつ、ちらばって暮《く》らしてたんだろうな。
あほらしくなってきた。
かあえろ！
また！
「タイムマシン」でくると、いつも出口《でぐち》がわからなくなるんだ。
道《みち》を聞《き》こうにも交番《こうばん》もない……と。
弱《よわ》ったことになったなあ。
オロオロ
ウロウロ

人類進化《じんるいしんか》の不思議《ふしぎ》Q&A《キューアンドエー》

Q 新石器時代《しんせっきじだい》の女性《じょせい》が現代《げんだい》の女性《じょせい》より上回《うわまわ》っていたものは？

①身長《しんちょう》 ②体重《たいじゅう》 ③筋力《きんりょく》

A ③筋力《きんりょく》　4000年前《ねんまえ》の女性《じょせい》の骨《ほね》を調《しら》べた結果《けっか》、特《とく》に腕力《わんりょく》が現代《げんだい》の女性《じょせい》より強《つよ》かったことがわかっている。

人類《じんるい》進化《しんか》の不思議《ふしぎ》Q&A《キューアンドエー》

Q 歴史《れきし》用語《ようご》に用《もち》いられる「先史《せんし》」が示《しめ》すのは?

①文字《もじ》のない時代《じだい》 ②言葉《ことば》のない時代《じだい》

A ①文字《もじ》のない時代《じだい》　文献《ぶんけん》などの記録《きろく》のない時代《じだい》を先史時代《せんしじだい》、その後《あと》を有史時代《ゆうしじだい》とよぶ。

人類進化《じんるいしんか》の不思議《ふしぎ》Q&A《キューアンドエー》

Q 地球《ちきゅう》46億年《おくねん》の歴史《れきし》を1年《ねん》にすると、人類《じんるい》が農耕《のうこう》をはじめたのはどのくらい前《まえ》になる？ ①半年前《はんとしまえ》 ②1ヶ月前《げつまえ》 ③1分前《ぷんまえ》

A ③1分前《ぶんまえ》 人類《じんるい》が農耕《のうこう》をはじめたのは約《やく》1万年前《まんねんまえ》。地球《ちきゅう》の歴史《れきし》からすればわずかな時間《じかん》だが、人類《じんるい》はこの間《あいだ》に驚《おどろ》くべき進歩《しんぽ》をとげた。

人類《じんるい》進化《しんか》の不思議《ふしぎ》Q&A《キューアンドエー》

Q 新石器時代《しんせっきじだい》からすでに食《た》べられていたのは？

①パンケーキ
②牛丼《ぎゅうどん》
③チョコレート

A ①パンケーキ　小麦《こむぎ》をつぶして水《みず》とこねて焼《や》いたものを5000年《ねん》以《い》上《じょう》前《まえ》から食《た》べていたあとが見《み》つかっている。

人類《じんるい》進化《しんか》の不思議《ふしぎ》Q&A《キューアンドエー》

Q 水洗《すいせん》トイレは約《やく》4000年前《ねんまえ》に開発《かいはつ》されていた 本当《ほんとう》? ウソ?

A 本当《ほんとう》　ギリシアのクノッソス宮殿《きゅうでん》から、土器製《どきせい》の便器《べんき》に土器《どき》のパイプで水《みず》を流《なが》すしくみを用《もち》いたトイレが見《み》つかっている。

大型《おおがた》ほ乳類《にゅうるい》の大量《たいりょう》絶滅《ぜつめつ》はだれのせい？

ホモ・サピエンスの登場《とうじょう》と大型《おおがた》ほ乳類《にゅうるい》の絶滅《ぜつめつ》

地球《ちきゅう》は46億年《おくねん》ともいわれる歴史《れきし》のなかで、現在《げんざい》を含《ふく》め、幾度《いくど》かの「氷河時代《ひょうがじだい》」を経験《けいけん》してきた。氷河時代《ひょうがじだい》は、地球《ちきゅう》と太陽《たいよう》との距離《きょり》が変《か》わることなどによって、非常《ひじょう》に寒《さむ》い氷期《ひょうき》が繰《く》り返《かえ》される地球規模《ちきゅうきぼ》の気候変動《きこうへんどう》だ。

今《いま》は寒《さむ》さのゆるんだ「間氷期《かんひょうき》」にあたるが、最近《さいきん》の氷期《ひょうき》は約《やく》1万《まん》8000年前《ねんまえ》にピークを迎《むか》え、地球《ちきゅう》の平均気温《へいきんきおん》は現在《げんざい》よりも最大《さいだい》で10度前後《どぜんご》低《ひく》かった。そんな環境《かんきょう》で栄《さか》えていたのは大型《おおがた》のほ乳類《にゅうるい》で、現在陸上《げんざいりくじょう》でくらすほ乳類《にゅうるい》よりもはるかに大《おお》きな体《からだ》をしていたらしい。コップに入《い》れた少《すこ》しのお湯《ゆ》よりも、バスタブに入《い》れたたくさんのお湯《ゆ》のほうが冷《さ》めにくいように、体《からだ》が大《おお》きいほうが寒《さむ》さが厳《きび》しくても体温《たいおん》を保《たも》つことができた——。当時《とうじ》のほ乳類《にゅうるい》が大型化《おおがたか》した理由《りゆう》は、このように説明《せつめい》することができる。

ところが、大型《おおがた》ほ乳類《にゅうるい》は氷期《ひょうき》が終《お》わる頃《ころ》、突然地球上《とつぜんちきゅうじょう》から姿《すがた》を消《け》してしまった。

地球上《ちきゅうじょう》から消《き》えた大型《おおがた》ほ乳類《にゅうるい》

マストドン

全長《ぜんちょう》5mになるゾウのなかま。寒《さむ》いところにくらすため体《からだ》は毛《け》でおおわれていた。

ディプロトドン

▲全長《ぜんちょう》3m以上《いじょう》。クマのような見《み》た目《め》だが、実《じつ》はコアラやカンガルーのなかま。

スミロドン

▲サーベルタイガーのなかま。30cmにもなるキバでマンモスなどをおそった。

メイオラニア

▲全長《ぜんちょう》2mを超《こ》えるリクガメのなかま。頭《あたま》には角《つの》があった。

イラスト／加藤貴夫

原因《げんいん》は地球《ちきゅう》の温暖化《おんだんか》？ それとも人類《じんるい》による「殺《ころ》しすぎ」？

氷期《ひょうき》の終《お》わりに大型《おおがた》ほ乳類《にゅうるい》が姿《すがた》を消《け》した理由《りゆう》については、研究者《けんきゅうしゃ》のなかでもさまざまな意見《いけん》がある。「気温《きおん》が急激《きゅうげき》に上《あ》がったため、寒《さむ》さに慣《な》れていた動物《どうぶつ》は熱中症《ねっちゅうしょう》にかかって死《し》んでしまった」「死《し》に至《いた》るウイルスが爆発的《ばくはつてき》に流行《りゅうこう》した」など……。

これらの説《せつ》に加《くわ》えて考《かんが》えられるもうひとつの説《せつ》がある。それは人類《じんるい》による乱獲《らんかく》、つまり「殺《ころ》しすぎ」だ。

イラスト／佐藤諭

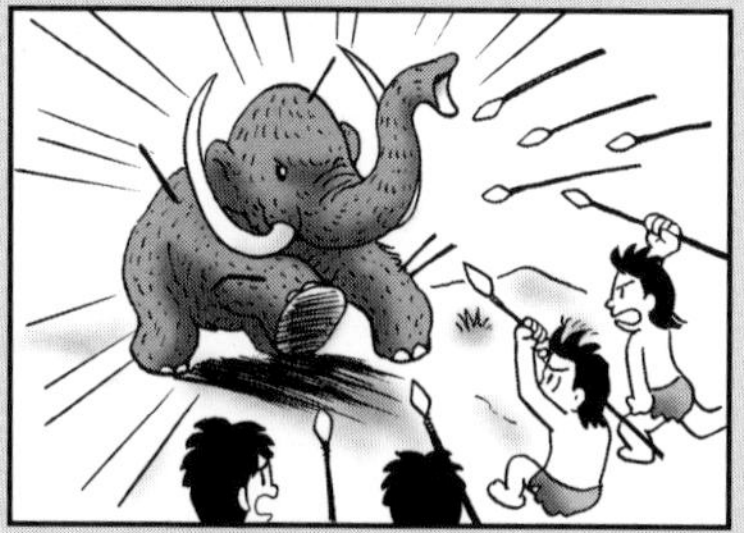

▲ひとりでは倒《たお》せない大《おお》きな動物《どうぶつ》は、家族《かぞく》を中心《ちゅうしん》としたグループで倒《たお》していた。

大型《おおがた》ほ乳類《にゅうるい》の絶滅《ぜつめつ》は、ホモ・サピエンスが地球《ちきゅう》のさまざまな陸地《りくち》に渡《わた》った年代《ねんだい》とほぼ一致《いっち》している。つまり、食《た》べ物《もの》や毛皮《けがわ》を求《もと》めて、陸地《りくち》を渡《わた》り歩《ある》いてきた人類《じんるい》に大型《おおがた》ほ乳類《にゅうるい》が狩《か》りつくされてしまった、というのだ。

もちろん、この「人類犯人説《じんるいはんにんせつ》」だけで大型《おおがた》ほ乳類《にゅうるい》が滅《ほろ》びた理由《りゆう》が説明《せつめい》できるわけではない。同《おな》じ時代《じだい》、同《おな》じ地域《ちいき》にすんでいた他《ほか》の動物《どうぶつ》が絶滅《ぜつめつ》をまぬがれて、現在《げんざい》もその子孫《しそん》が命《いのち》をつないでいるのはなぜなのか？ 人《ひと》が食《た》べるのに適《てき》さない動物《どうぶつ》までいなくなったのはなぜなのか？ すべてを人類《じんるい》のしわざとするには、つじつまが合《あ》わないこともたくさんある。

現在《げんざい》では、氷期《ひょうき》の終《お》わりに引《ひ》き起《お》こされた気候変動《きこうへんどう》やウイルスの流行《りゅうこう》、そして人類《じんるい》の進出《しんしゅつ》などいくつかの要素《ようそ》が組《く》み合《あ》わさったという考《かんが》え方《かた》が有力《ゆうりょく》だ。

しかし、道具《どうぐ》を生《う》み出《だ》し、高度《こうど》な狩《か》りの技術《ぎじゅつ》を身《み》につけた私《わたし》たちの祖先《そせん》は、1万数千年前《まんすうせんねんまえ》の時点《じてん》で、すでに他《ほか》の生《い》き物《もの》を絶滅《ぜつめつ》の危機《きき》にさらす存在《そんざい》となっていたことは間違《まちが》いない。

メガテリウム

▲全長《ぜんちょう》8mにもなる巨大《きょだい》ナマケ
ノ。現在《げんざい》のアフリカゾウに相当《そうとう》
る大《おお》きな体《からだ》だった。

気候《きこう》の変動《へんどう》と農耕《のうこう》のはじまり

地球《ちきゅう》が暖《あたた》かくなりくらしが変《か》わった

地球《ちきゅう》に誕生《たんじょう》してからおよそ700万年《まんねん》の間《あいだ》、人類《じんるい》は木《き》の実《み》や果物《くだもの》などを採《と》ったり、動物《どうぶつ》を追《お》いかけてくらしてきた。こうした「狩猟採集《しゅりょうさいしゅう》」と呼《よ》ばれるくらしぶりは、人類《じんるい》が世界各地《せかいかくち》に住《す》む場所《ばしょ》を広《ひろ》げてからもしばらく続《つづ》いた。

氷床《ひょうしょう》コアから調《しら》べた気候変動《きこうへんどう》

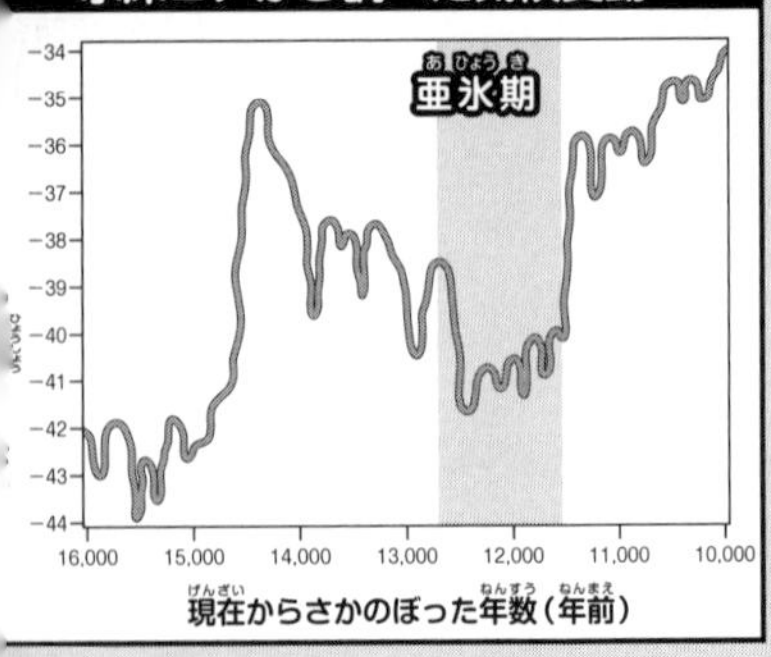

ところが、最後《さいご》の氷期《ひょうき》が終《お》わりを告《つ》げる頃《ころ》、人類《じんるい》は急激《きゅうげき》に変《か》わりつつある環境《かんきょう》で、効率的《こうりつてき》に食料《しょくりょう》を得《え》る新《あら》たな手段《しゅだん》を編《あ》み出《だ》した。田《た》んぼや畑《はたけ》を耕《たがや》して作物《さくもつ》を育《そだ》てたり、家畜《かちく》を養《やしな》ったりする「農耕《のうこう》」と「牧畜《ぼくちく》」だ。

環境《かんきょう》を変《か》える力《ちから》を身《み》につけた

地球上《ちきゅうじょう》のあらゆる生《い》き物《もの》は、それぞれが生活《せいかつ》に適《てき》した場所《ばしょ》を見《み》つけくらしている。一見《いっけん》、同《おな》じ森《もり》や同《おな》じ平原《へいげん》に異《こと》なる生《い》き物《もの》が数多《かずおお》くすんでいるようでも、生活《せいかつ》の場所《ばしょ》が少《すこ》しずつ違《ちが》っていたり、活動《かつどう》する時間帯《じかんたい》や時季《じき》などが異《こと》なっていたりして、多様《たよう》な種《しゅ》が地球《ちきゅう》の限《かぎ》られた土地《とち》にうまくすみ分《わ》けている。

もしも、環境《かんきょう》が突然《とつぜん》に変化《へんか》して、こうしたバランスがくずれたとしたら、生《い》き物《もの》たちは新《あたら》しい環境《かんきょう》に適応《てきおう》するか、別《べつ》の場所《ばしょ》に移《うつ》りすむか、それらができなければ滅《ほろ》びるしかない。地球《ちきゅう》の歴史上《れきしじょう》の生物《せいぶつ》の絶滅《ぜつめつ》と進化《しんか》は、この繰《く》り返《かえ》しで行《おこな》われてきた。

狩猟採集時代《しゅりょうさいしゅうじだい》の人類《じんるい》も、食《た》べ物《もの》が多《おお》く、くらしやすい場所《ばしょ》を求《もと》めて移《うつ》り住《す》んでいたという点《てん》では、地球《ちきゅう》の環境《かんきょう》の変化《へんか》に運命《うんめい》をあずけてくらす動物《どうぶつ》の一員《いちいん》だった。

ところが農耕《のうこう》と牧畜《ぼくちく》を発明《はつめい》した人類《じんるい》は、自然界《しぜんかい》の他《ほか》の

動物《どうぶつ》と明《あき》らかに異《こと》なる存在《そんざい》となった。森《もり》を切《き》り開《ひら》き、農作物《のうさくぶつ》を生産《せいさん》し、家畜《かちく》を育《そだ》てる……、地球《ちきゅう》で唯一《ゆいいつ》、自然《しぜん》を積極的《せっきょくてき》につくり変《か》えられる生《い》き物《もの》として、これ以降《いこう》の地球《ちきゅう》の環境《かんきょう》を劇的《げきてき》に変《か》えていったのだ。

農耕《のうこう》は狩《か》りより大変《たいへん》！

ただし、当時《とうじ》の人《ひと》びとは、今《いま》までの生活《せいかつ》を向上《こうじょう》させるために、農耕《のうこう》と牧畜《ぼくちく》をはじめたわけではなかった。

イラスト／加藤貴夫

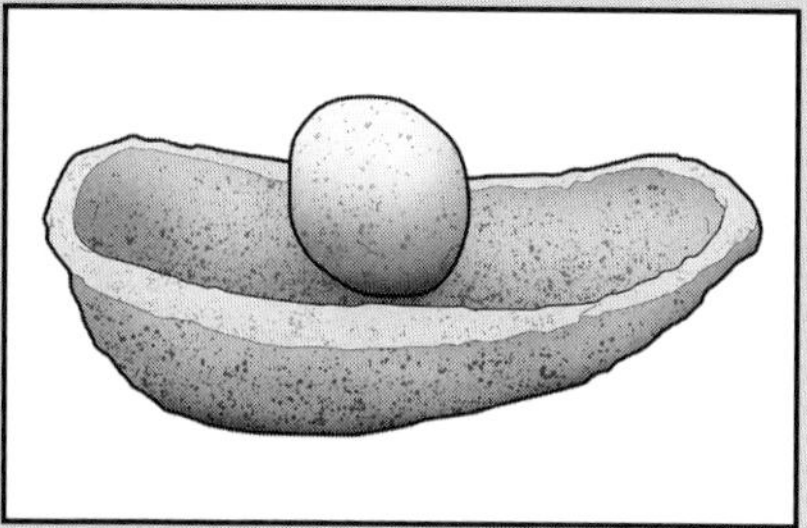

▲穀物《こくもつ》を食料《しょくりょう》としはじめた時代《じだい》の石器《せっき》。すりばち状《じょう》の石器《せっき》に穀物《こくもつ》を入《い》れ、石《いし》ですりつぶして加工《かこう》した。

何《なに》もない状態《じょうたい》から農業《のうぎょう》をはじめることを想像《そうぞう》してほしい。しかも、耕《こう》うん機《き》やトラクターもない1万年《まんねん》以上《いじょう》も前《まえ》のこと。広《ひろ》い土地《とち》を耕《たがや》して、種《たね》をまき、雑草《ざっそう》を取《と》り除《のぞ》く……、これらをすべて人《ひと》の手《て》で行《おこな》うのは大変《たいへん》なことだ。実際《じっさい》、この時代《じだい》の農耕《のうこう》にたずさわったと思《おも》われる人《ひと》の骨《ほね》を調《しら》べると、ひざの関節《かんせつ》がすりへっていたり、腰《こし》が大《おお》きく曲《ま》がっていたり、ヘルニアにかかったりしているものが多《おお》いという。

さらに、品種改良《ひんしゅかいりょう》などの技術《ぎじゅつ》もない時代《じだい》のことだ。時間《じかん》をかけて、骨《ほね》を折《お》って育《そだ》てた作物《さくもつ》が日照《ひで》りや病気《びょうき》で台無《だいな》しになった、ということもめずらしくなかったはずだ。

それと比《くら》べれば、その日《ひ》の食《た》べ物《もの》のことだけを考《かんが》え、自由気《じゆうき》ままに狩《か》りをしたり、木《き》の実《み》や果物《くだもの》をもいだりする狩猟《しゅりょう》と採集《さいしゅう》の生活《せいかつ》のほうが、よっぽど楽《らく》で効率《こうりつ》がよかったのかもしれない。

ではなぜ、人類《じんるい》は狩猟採集《しゅりょうさいしゅう》を捨《す》てて農耕《のうこう》と牧畜《ぼくちく》の生活《せいかつ》に切《き》りかえたのだろう？　それは氷期《ひょうき》の終《お》わりがもたらした気候《きこう》の変動《へんどう》が関係《かんけい》していると考《かんが》えられている。

氷期《ひょうき》が終《お》わる頃《ころ》、地球《ちきゅう》はどんどん暖《あたた》かくなった。世界《せかい》の平均気温《へいきんきおん》は約《やく》10度《ど》も上《あ》がり、南極《なんきょく》や北極《ほっきょく》の氷《こおり》が溶《と》けて、海水面《かいすいめん》は１００m以上《いじょう》も上昇《じょうしょう》した。狩猟採集民《しゅりょうさいしゅうみん》が獲物《えもの》を追《お》いかけ、木《き》の実《み》をもいでいた平原《へいげん》や森《もり》が海《うみ》にしずんでしまったこともあったろう。

こうして住《す》みなれた土地《とち》を追《お》われ、狩猟採集《しゅりょうさいしゅう》の生活《せいかつ》ができなくなった人《ひと》びとが、新《あら》たにはじめたくらしが農耕《のうこう》と牧畜《ぼくちく》だったのだ。

新《しん》石《せっ》器《き》時《じ》代《だい》と『町《まち》』の誕《たん》生《じょう》

移《うつ》り住《す》む生活《せいかつ》から1か所《しょ》に集《あつ》まり住《す》む生活《せいかつ》へ

およそ1万年前《まんねんまえ》から始《はじ》まった農耕《のうこう》や牧畜《ぼくちく》の時代《じだい》は、「新石器時代《しんせっきじだい》」と呼《よ》ばれる。生活《せいかつ》の変化《へんか》とともに道具《どうぐ》の加《か》工技術《こうぎじゅつ》が進歩《しんぽ》し、複雑《ふくざつ》な形状《けいじょう》で、きれいに磨《みが》かれた石器《せっき》が発明《はつめい》されたからだ。ひとつの土地《とち》に定住《ていじゅう》して作物《さくもつ》を育《そだ》て、何頭《なんとう》もの動物《どうぶつ》を飼《か》いならして乳《ちち》や肉《にく》を得《え》たりする生《せい》活《かつ》は、人《ひと》びとが使《つか》う道具《どうぐ》も進歩《しんぽ》させたのだ。

畑《はたけ》や牧地《ぼくち》から食《た》べ物《もの》が効率《こうりつ》よく、多《おお》く得《え》られる生活《せいかつ》になり、あまった食料《しょくりょう》は不足《ふそく》したときのために貯《たくわ》えられた。畑《はたけ》や牧地《ぼくち》を管理《かんり》し、穀物《こくもつ》や家畜《かちく》を育《そだ》て収穫《しゅうかく》するために、人《ひと》びとは協力《きょうりょく》し合《あ》うようになり、集落《しゅうらく》ができた。

食料《しょくりょう》の生産量《せいさんりょう》が安定《あんてい》してさらに人口《じんこう》が増《ふ》えると、集落《しゅうらく》にいる者全員《ものぜんいん》が、食料《しょくりょう》の生産《せいさん》に打《う》ちこむ必要《ひつよう》がなくなった。その結果《けっか》、くらしのなかでの役割分担《やくわりぶんたん》ができて、新《あら》たな仕事《しごと》が生《う》まれた。やがて、集落《しゅうらく》は大《おお》きな共同体《きょうどうたい》、つまり「町《まち》」に発展《はってん》した。

新《しん》石《せっ》器《き》革《かく》命《めい》後《ご》のくらし

イラスト／佐藤諭

人類《じんるい》最初《さいしょ》の「町《まち》」が生《う》まれた

新石器時代《しんせっきじだい》のおよそ8500年前《ねんまえ》に誕生《たんじょう》した町《まち》として、今《いま》なおその姿《すがた》を残《のこ》しているのがイェリコ遺跡《いせき》だ。粘土《ねんど》や泥《どろ》のレンガと石《いし》でできた家《いえ》には、複数《ふくすう》の部屋《へや》があり、調理《ちょうり》や洗濯《せんたく》をするスペースもあった。収穫《しゅうかく》した穀《こく》物《もつ》などの食料《しょくりょう》をおく貯蔵庫《ちょぞうこ》もあった。

じょうぶな家《いえ》と、食料《しょくりょう》を保管《ほかん》する建物《たてもの》の存在《そんざい》は、人《ひと》びとがそこに住《す》まいを定《さだ》め、長《なが》くくらすようになったことを意味《いみ》している。狩猟採集時代《しゅりょうさいしゅうじだい》の移《うつ》り住《す》むくらし方《かた》はすっかり昔《むかし》のこととなったのだ。

撮影／大橋 賢　撮影協力／国立科学博物館

▲磨《みが》いて形《かたち》を整《ととの》えた新石器時代《しんせっきじだい》の石器《せっき》。穀物《こくもつ》を刈《か》り取《と》ったり、木《き》を切《き》り倒《たお》したりする石器《せっき》が生《う》み出《だ》された。

さらに、イェリコ遺跡《いせき》には、人《ひと》びとが天災《てんさい》と向《む》き合《あ》い、対抗《たいこう》しようとした跡《あと》も見《み》てとれる。氷期末期《ひょうきまっき》は、海水面《かいすいめん》の上昇《じょうしょう》によって、各地《かくち》で洪水《こうずい》や鉄砲水《てっぽうみず》が起《お》こったとされている。遺跡《いせき》には、それらを防《ふせ》ぐための壁《かべ》が残《のこ》されているのだ。

イェリコが栄《さか》えていた時代《じだい》には、各地《かくち》で同《おな》じような町《まち》が誕生《たんじょう》したようだ。町《まち》と町《まち》の間《あいだ》では物々交換《ぶつぶつこうかん》が行《おこな》われていたとも考《かんが》えられている。実際《じっさい》、イェリコ遺跡《いせき》からは、数《すう》百《ひゃく》kmも離《はな》れた場所《ばしょ》から産出《さんしゅつ》される鉱石《こうせき》が見《み》つかっているのだ。

農耕《のうこう》と牧畜《ぼくちく》を土台《どだい》とした生活様式《せいかつようしき》の変化《へんか》は、集落《しゅうらく》を生《う》み、町《まち》を生《う》み出《だ》した。

さらには町《まち》どうしの交易《こうえき》によって、人《ひと》びとのネットワークが生《う》まれて町《まち》はさらに拡大《かくだい》した。

そしてさらに時《とき》を経《へ》ると、これが都市《とし》や国家《こっか》に発展《はってん》し、人《じん》類《るい》が高度《こうど》な文明《ぶんめい》を築《きず》くはじまりとなっていったのだ。

▼パレスチナのヨルダン川西岸地区《がわせいがんちく》にあるイェリコ遺《い》跡《せき》。世界《せかい》ではじめて外周《がいしゅう》に壁《かべ》を築《きず》いた町《まち》とされている

写真／Shutterstock

野生《やせい》ペット小屋《ごや》

カナリヤのピー子《こ》ちゃんがあんまりさわぐので、
部屋《へや》の中《なか》を調《しら》べてみたら……。
なんと！ストーブのガス管《かん》がはずれていたの。
あぶなかったな。
気《き》がつかなかったらガス中毒《ちゅうどく》になるとこだったね。
ピー子《こ》ちゃんのおかげよ。
そういえば、おれんちで飼《か》ってるデカも、
しのびこもうとしたどろぼうを、
とっつかまえたことがあるんだぜ。
うちの血統書《けっとうしょ》つきのシャムネコのアンナだって！
一千万円《せんまんえん》のママのダイヤがなくなったとき、
みごと見《み》つけてきたんだ。

Q 犬《いぬ》が人類《じんるい》に飼《か》われるようになったのはいつ？

①約《やく》3万《まん》5000年前《ねんまえ》 ②約《やく》1000年前《ねんまえ》 ③約《やく》100年前《ねんまえ》

A ①約《やく》3万《まん》5000年前《ねんまえ》　人《ひと》の住《す》まいの近《ちか》くで約《やく》3万《まん》5000年以上前《ねんいじょうまえ》のイヌの骨《ほね》が見《み》つかっている。このころから狩《か》りの手助《てだす》けをしていたらしい。

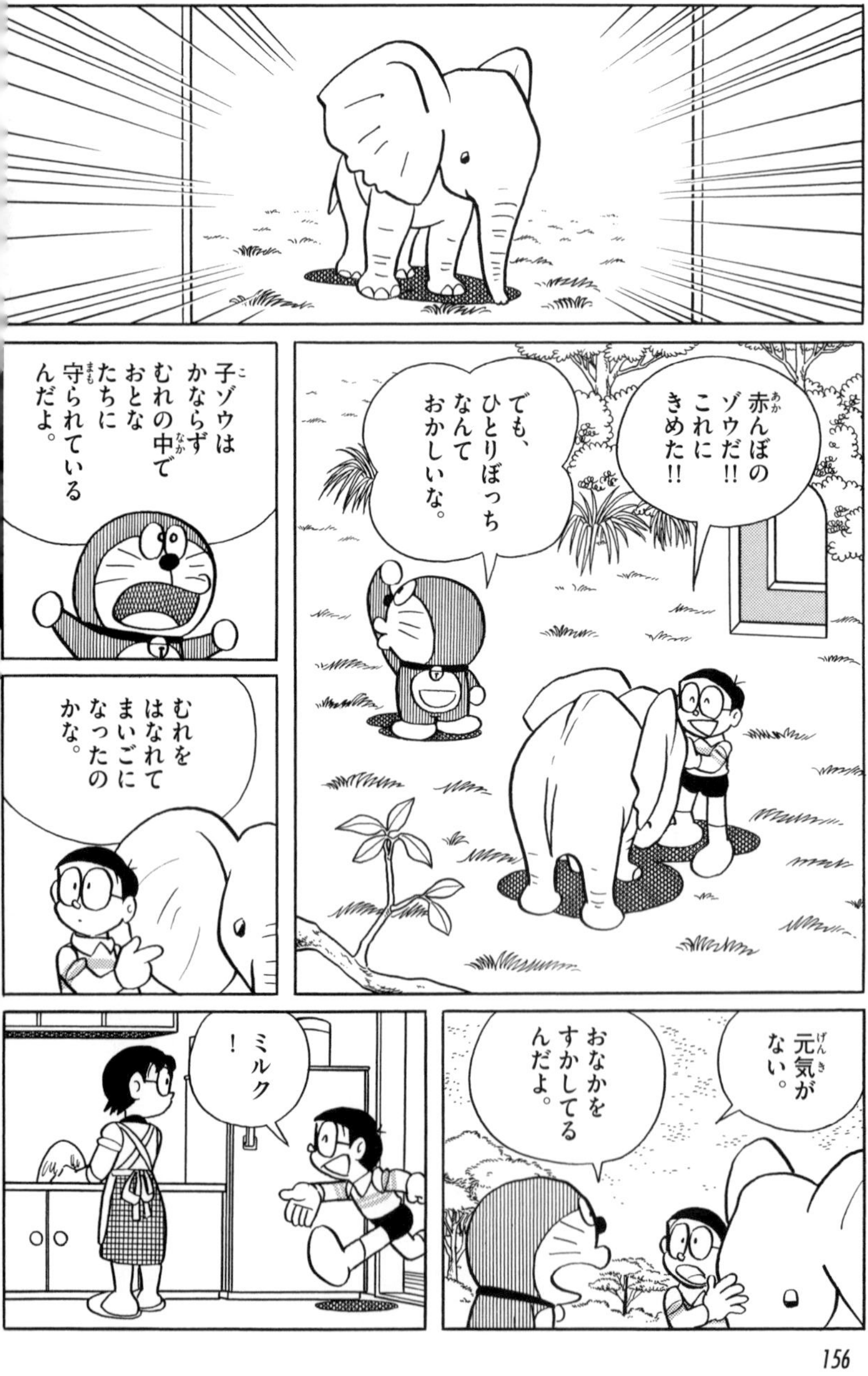
赤《あか》んぼのゾウだ!! これにきめた!!
でも、ひとりぼっちなんておかしいな。
子《こ》ゾウはかならずむれの中《なか》でおとなたちに守《まも》られているんだよ。
むれをはなれてまいごになったのかな。
元気《げんき》がない。
おなかをすかしてるんだよ。
ミルク!

人類進化《じんるいしんか》の不思議《ふしぎ》Q&A《キューアンドエー》

Q タイの人《ひと》びとに昔《むかし》から愛《あい》されている生《い》き物《もの》は？

①ネズミ ②カブトムシ ③ゾウ

A ③ゾウ　タイの人《ひと》びとの生活《せいかつ》や信仰《しんこう》にかかわる特別《とくべつ》な存在《そんざい》。白《しろ》いゾウはブッダの化身《けしん》という説《せつ》もあるとか。

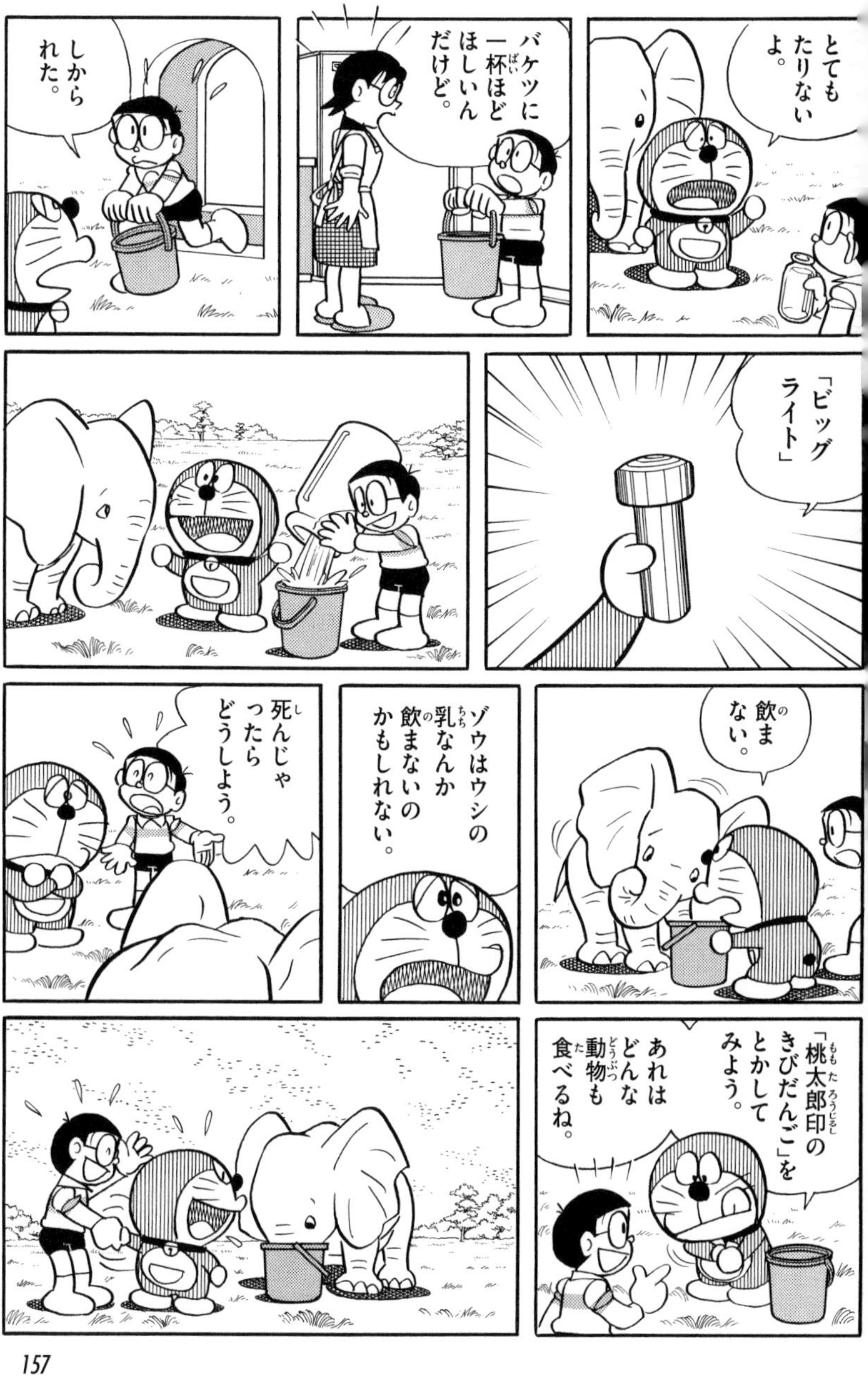

人類進化《じんるいしんか》の不思議《ふしぎ》Q&A《キューアンドエー》

Q ある国《くに》のあるお寺《てら》では、ネズミが神聖《しんせい》なものとして大切《たいせつ》に扱《あつか》われている。本当《ほんとう》？　ウソ？

A 本当《ほんとう》　インドのカルニマタ寺院《じいん》ではネズミが幸運《こううん》の印《しるし》とされ、たくさんのネズミが放《はな》し飼《が》いにされている!

人類進化《じんるいしんか》の不思議《ふしぎ》Q&A《キューアンドエー》

Q ある文明《ぶんめい》では神《かみ》と崇《あが》められる一方《いっぽう》、ところ変《か》われば悪魔《あくま》とされる動物《どうぶつ》は?

①ウシ　②サル　③ヘビ

A ③ヘビ　古代《こだい》より多《おお》くの宗教《しゅうきょう》で神《かみ》とされたが、キリスト教《きょう》では、人間《にんげん》をそそのかした悪《あく》の象徴《しょうちょう》とされている。

人類《じんるい》進化《しんか》の不思議《ふしぎ》Q&A《キューアンドエー》

Q 数千年《すうせんねん》といわれる星座《せいざ》の歴史《れきし》。昔《むかし》はあったが今《いま》はない星座《せいざ》とは？

①タコ座《ざ》

②ネコ座《ざ》

③ハムスター座《ざ》

A ②ネコ座《ざ》　かつてさまざまな星座《せいざ》が存在《そんざい》したが、今《いま》では1928年《ねん》の国際天文学連合《こくさいてんもんがくれんごう》で決《き》められた88星座《せいざ》が使《つか》われている。

人類進化《じんるいしんか》の不思議《ふしぎ》Q&A《キューアンドエー》

Q 天文学《てんもんがく》や数学《すうがく》の起源《きげん》についての言《い》い伝《つた》えでよく出《で》てくる職業《しょくぎょう》は？

①猿回《さるまわ》し ②蛇使《へびつか》い ③羊飼《ひつじか》い

A ③羊《ひつじ》飼《か》い　羊《ひつじ》の番《ばん》をしながら星《ほし》の動《うご》きを発見《はっけん》した、羊《ひつじ》の数《かず》を数《かぞ》える方法《ほうほう》を考《かんが》え出《だ》したなどの伝説《でんせつ》がある。

豊《ゆた》かな生活《せいかつ》が文明《ぶんめい》をもたらした

大《おお》きな川《かわ》の周辺《しゅうへん》で人口《じんこう》が増《ふ》えた

　新石器革命以降《しんせっきかくめいいこう》、人口《じんこう》を増《ふ》やした人類《じんるい》は、社会制度《しゃかいせいど》や技術《ぎじゅつ》を発達《はったつ》させ、文明《ぶんめい》を築《きず》いた。高度《こうど》な文明《ぶんめい》は、生活《せいかつ》に必要《ひつよう》な水《みず》が豊富《ほうふ》にある大河《たいが》の周辺《しゅうへん》で生《う》まれた。

　大河《たいが》はまた、人《ひと》や荷物《にもつ》を運《はこ》ぶ「道路《どうろ》」としての役割《やくわり》も果《は》たした。車《くるま》も電車《でんしゃ》もない時代《じだい》、人《ひと》びとの行《い》き来《き》を支《ささ》える交通《こうつう》の主役《しゅやく》は船《ふね》だったのだ。

世界各地《せかいかくち》で築《きず》かれた文明《ぶんめい》

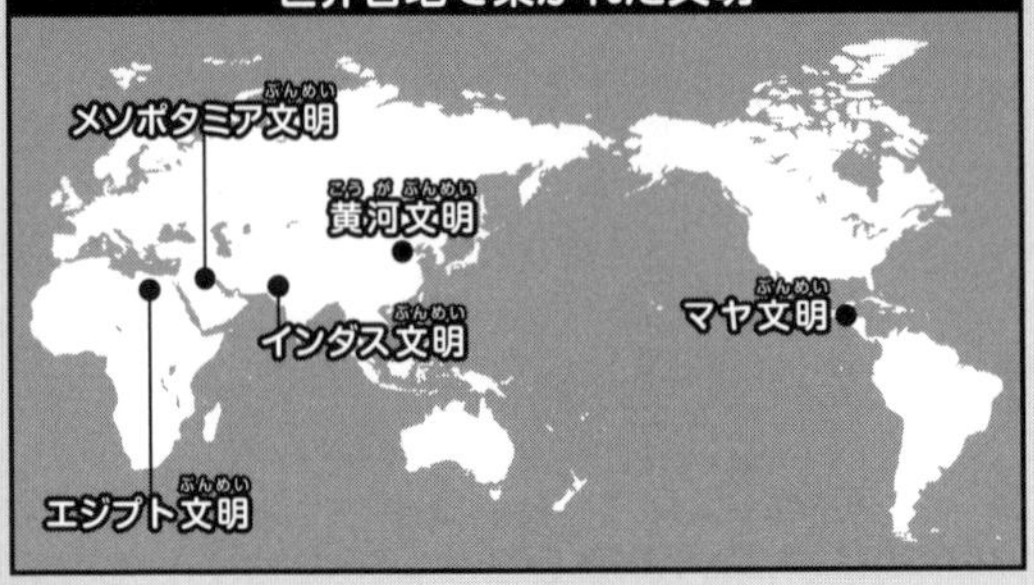

文明《ぶんめい》の発達《はったつ》に不可欠《ふかけつ》だった文字《もじ》の発明《はつめい》

　人《ひと》びとは川《かわ》に船《ふね》を浮《う》かべ離《はな》れた都市《とし》と交流《こうりゅう》し、その場《ば》所《しょ》でしか採《と》れない農産物《のうさんぶつ》や鉱物《こうぶつ》を交換《こうかん》するようになった。これが貿易《ぼうえき》のはじまりだ。

　物《もの》を交換《こうかん》するにあたって、約束《やくそく》や取《と》り決《き》めが必要《ひつよう》になる。しかし会話《かいわ》で交《か》わされる約束《やくそく》は、いつ忘《わす》れ去《さ》られ、うやむやにされるかわからない。そこで、おたがいの取《と》り決《き》めを文字《もじ》として記録《きろく》することにした。

　文字《もじ》は少《すく》なくとも約《やく》8000年前《ねんまえ》から使《つか》われていたことがわかっている。最初《さいしょ》の文字《もじ》は、私《わたし》たちが現在使《げんざいつか》っているような話《はな》し言葉《ことば》をあらわすものではなく、物《もの》や数《かず》を表《ひょう》

粘土板《ねんどばん》に刻《きざ》まれた楔形文字《くさびがたもじ》

写真／Shutterstock

現《げん》する絵《え》や記号《きごう》だった。商売上《しょうばいじょう》の取引《とりひき》ではまず、何《なに》をいくつ交換《こうかん》したか正確《せいかく》にわかりさえすればよかったからだ。

物々交換《ぶつぶつこうかん》の記録《きろく》からはじまった文字《もじ》は、時《とき》とともに改良《かいりょう》が加《くわ》えられて、より手間《てま》をかけず、いろいろな物事《ものごと》が表現《ひょうげん》できる手段《しゅだん》となった。


やがて文字《もじ》は、売買《ばいばい》の記録《きろく》だけでなく、自分《じぶん》たちのくらしや社会《しゃかい》のようすを書《か》き記《しる》す文字言語《もじげんご》となった。文字言語《もじげんご》は後世《こうせい》に受《う》け継《つ》がれ、その土地独自《とちどくじ》の文明《ぶんめい》が発達《はったつ》する重要《じゅうよう》な要素《ようそ》となったのだった。

©Natalya Okorokova / Shutterstock.com

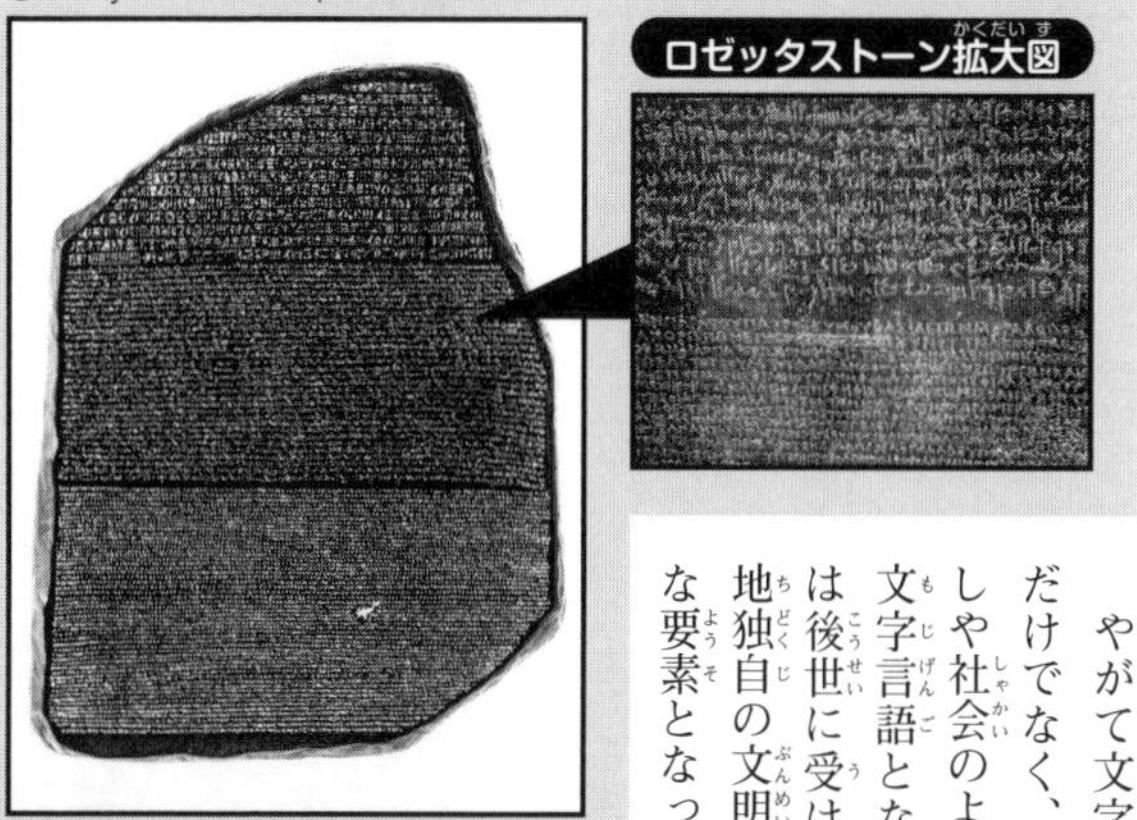

ロゼッタストーン

1799年《ねん》にナポレオンのエジプト遠征《えんせい》の際《さい》、発見《はっけん》された。同《おな》じ文章《ぶんしょう》が、3種類《しゅるい》の文字《もじ》で刻《きざ》まれている。

「金属《きんぞく》」と「馬《うま》」によって強大《きょうだい》な軍事力《ぐんじりょく》を得《え》た

文明《ぶんめい》の発達《はったつ》は人《ひと》の交流《こうりゅう》も生《う》み出《だ》したが、同時《どうじ》に資源《しげん》や領土《りょうど》をめぐる争《あらそ》いも引《ひ》き起《お》こした。ある者《もの》は力《ちから》で相手《あいて》をねじふせるため、より強力《きょうりょく》な武器《ぶき》を開発《かいはつ》してこれに備《そな》えた。新石器時代《しんせっきじだい》までの石《いし》を削《けず》った矢《や》じりや斧《おの》は、青銅《せいどう》を加工《かこう》した剣《けん》やよろいに取《と》って代《か》わった。

戦《いくさ》に勝利《しょうり》するためには、数《かず》や速《はや》さで相手《あいて》を上回《うわまわ》ることも必要《ひつよう》だ。戦《たたか》いを専門《せんもん》とする人《ひと》びとを集《あつ》めた軍隊《ぐんたい》が編成《へんせい》されて、移動手段《いどうしゅだん》として長《なが》い距離《きょり》を速《はや》く走《はし》れる馬《うま》が活用《かつよう》された。

争《あらそ》いごとは、結果的《けっかてき》に技術《ぎじゅつ》や発明《はつめい》を生《う》み出《だ》した。そして、争《あらそ》いに勝《か》ち、勢力《せいりょく》をひろげた者《もの》が強大《きょうだい》な国《くに》をつくりあげていった。

▼ヒッタイト人《じん》の戦《いくさ》をあらわした彫刻《ちょうこく》。馬車《ばしゃ》に乗《の》って弓《ゆみ》をつがえ、敵《てき》を倒《たお》すようすが刻《きざ》まれている。

写真／Shutterstock

大河《たいが》のまわりで生《う》まれた4つの文明《ぶんめい》とは？

天文学《てんもんがく》のはじまり ～メソポタミア文明《ぶんめい》～

「この世界《せかい》は巨大《きょだい》な円盤《えんばん》の上《うえ》に存在《そんざい》し、頭上《ずじょう》は小《ち》さな穴《あな》がたくさん開《あ》いたドーム屋根《やね》でおおわれている」と考《かんが》えていたシュメール人《じん》は、穴《あな》からもれる光《ひかり》は天国《てんごく》の炎《ほのお》の明《あ》かりだと信《しん》じて、毎晩《まいばん》それを注意深《ちゅういぶか》く観察《かんさつ》した。

穴《あな》からもれる光《ひかり》とは、もちろん夜空《よぞら》にかがやく星《ほし》のこと。つまりシュメール人《じん》は天体観測《てんたいかんそく》を行《おこな》っていたのだ。

そして、星《ほし》の動《うご》きに規則性《きそくせい》があることを見《み》つけると、水星《すいせい》、金星《きんせい》、火星《かせい》、木星《もくせい》、土《ど》星《せい》の各惑星《かくわくせい》に、月《つき》と太陽《たいよう》を加《くわ》えて暦《こよみ》を発明《はつめい》したのだった。

イラスト／加藤貴夫

▲シュメールの王《おう》、ギルガメッシュが半神半人《はんしんはんじん》に助《たす》けられて太陽《たいよう》をかかげる彫刻《ちょうこく》。

王《おう》が「神《かみ》の化身《けしん》」として君臨《くんりん》 ～エジプト文明《ぶんめい》～

エジプト文明《ぶんめい》は、支配者《しはいしゃ》が圧倒的《あっとうてき》な権力《けんりょく》をもち、ばく大《だい》な富《とみ》を独《ひと》り占《じ》めにした最初《さいしょ》の文明《ぶんめい》とされている。

支配者《しはいしゃ》である王《おう》・ファラオは、この世《よ》に人《ひと》の姿《すがた》をして降《お》り立《た》った神《かみ》の化身《けしん》だった。民衆《みんしゅう》は神《かみ》であるファラオのために尽《つ》くすことで、死後《しご》の楽園《らくえん》「アアルの

▼死者《ししゃ》の心臓《しんぞう》の重《おも》さを量《はか》って魂《たましい》の行《い》き先《さき》を決《き》める神《かみ》が描《えが》かれた巻物《まきもの》。

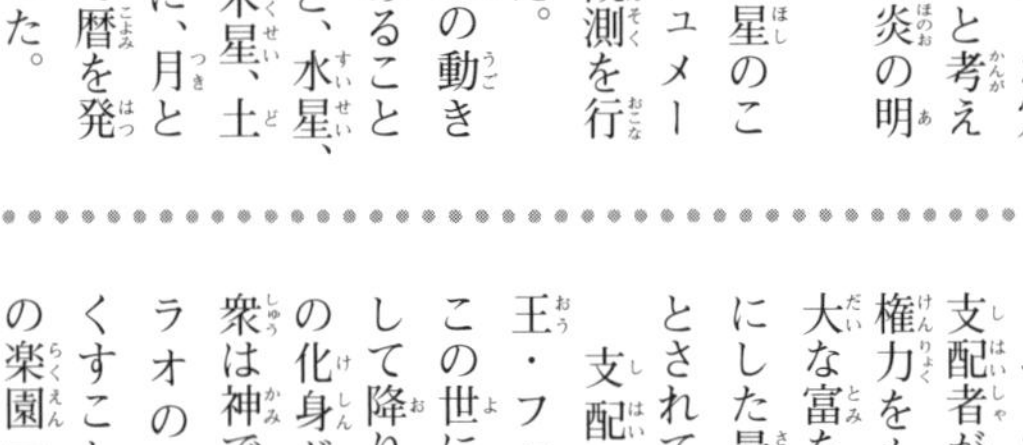

写真／Shutterstock

野《の》」で永遠《えいえん》に幸《しあわ》せなくらしができると信《しん》じていた。

だからエジプトの民《たみ》は、ファラオのために巨大《きょだい》な神殿《しんでん》や墓《はか》を築《きず》いた。なかでも有名《ゆうめい》なのが今《いま》もなお残《のこ》る「ギザのピラミッド」。切《き》り出《だ》した石《いし》を約《やく》300万個《まんこ》積《つ》み上《あ》げた完成時《かんせいじ》の高《たか》さ約《やく》147mの巨大《きょだい》な建造物《けんぞうぶつ》が、どんな工法《こうほう》で建造《けんぞう》されたのか現在《げんざい》でもなぞのままだ。

ピラミッドは君主《くんしゅ》・ファラオの絶対的《ぜったいてき》なリーダーシップとエジプトの優《すぐ》れた技術力《ぎじゅつりょく》によって建《た》てられた。これを可能《かのう》にしたは、豊富《ほうふ》な資源《しげん》を生《う》み出《だ》すナイル川周辺《がわしゅうへん》の豊《ゆた》かな土地《とち》にあったと考《かんが》えられている。

特別《とくべつ》コラム

ネコをペットにしたエジプト人《じん》

エジプトの人《ひと》びとは、貯蔵庫《ちょぞうこ》の農作物《のうさくぶつ》を食《く》い荒《あ》らすネズミに悩《なや》まされた。そこに、ネズミを追《お》ったネコがすみつき、人《ひと》との共存関係《きょうぞんかんけい》ができたという。エジプトではネコは神格化《しんかくか》され、ペット以上《いじょう》の存在《そんざい》として大事《だいじ》にされ、死《し》ぬとミイラにして手厚《てあつ》く葬《ほうむ》ったという。

写真／Shutterstock

絹《きぬ》の発明《はつめい》が富《とみ》をもたらした 〜黄河文明《こうがぶんめい》〜

中国《ちゅうごく》は3000年前《ねんまえ》から現在《げんざい》にいたるまで、独自《どくじ》の文明《ぶんめい》を途絶《とだ》えさせることなく存続《そんぞく》させてきた。そのはじまりは約《やく》6000年前《ねんまえ》、中国《ちゅうごく》で1、2番目《ばんめ》に長《なが》い長江《ちょうこう》、黄河《こうが》のそれぞれの流域《りゅういき》に誕生《たんじょう》した数百人《すうひゃくにん》の村《むら》だった。

中国《ちゅうごく》は、稲作《いなさく》と製鉄《せいてつ》、絹《きぬ》の生産《せいさん》を活用《かつよう》して、国《くに》を大《おお》きくした。なかでも、カイコガの幼虫《ようちゅう》の繭《まゆ》からつくられる絹《きぬ》は、美《うつく》しい光沢《こうたく》と強《つよ》さをもつ高級繊維《こうきゅうせんい》として高《たか》く売買《ばいばい》された。絹《きぬ》は商人《しょうにん》の手《て》から手《て》に渡《わた》り、ついにははるか遠《とお》く離《はな》れたローマ帝国《ていこく》に伝《つた》えられ、同《おな》じ重《おも》さの金《きん》と同等《どうとう》の価値《かち》をもつほどになった。

中国《ちゅうごく》に巨万《きょまん》の富《とみ》をもたらした絹《きぬ》を、ローマ帝国《ていこく》に運《はこ》んだ交易《こうえき》のための陸路《りくろ》は、のちに「シルクロード（絹《きぬ》の道《みち》）」と名《な》づけられた。

▼黄帝《こうてい》の后《きさき》が、カイコから絹《きぬ》を開発《かいはつ》したという伝説《でんせつ》が残《のこ》る。

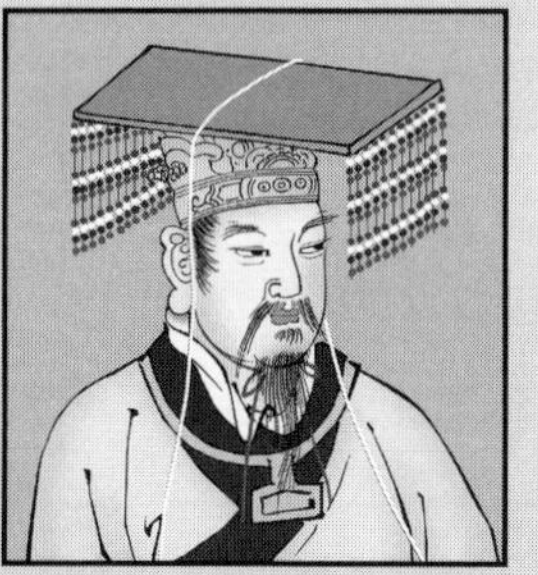

イラスト／加藤貴夫

©suronin / Shutterstock.com

▲モヘンジョ・ダロ遺跡《いせき》。城塞《じょうさい》や街《まち》の跡《あと》のほか、文《も》字《じ》を刻《きざ》んだと思《おも》われる印章《いんしょう》なども見《み》つかっている。

高度《こうど》な巨大都市《きょだいとし》を築《きず》いた～インダス文明《ぶんめい》～

今《いま》から約《やく》4000年前《ねんまえ》に栄《さか》えたインダス文明《ぶんめい》は、モヘンジョ・ダロやハラッパーなどの遺跡《いせき》に残《のこ》されている。碁盤《ごばん》の目《め》のように張《は》り巡《めぐ》らされた道路《どうろ》と道路《どうろ》にそって設《もう》けられた下水道《げすいどう》、焼《や》きレンガで建《た》てられた住宅《じゅうたく》、公衆浴《こうしゅうよく》場《じょう》、数千人《すうせんにん》が入《はい》れる集会所《しゅうかいじょ》……、まるで現代《げんだい》の都市《とし》のように整然《せいぜん》と立《た》ち並《なら》ぶ建造物《けんぞうぶつ》や設備《せつび》を見《み》れば、インダス文《ぶん》明《めい》がいかに高度《こうど》な文明《ぶんめい》を築《きず》いていたのかよく分《わ》かる。

しかしインダス文《ぶん》明《めい》の都市《とし》には、他《ほか》の文明《ぶんめい》のような支配者《しはいしゃ》をまつった巨大《きょだい》な神《しん》殿《でん》や墓《はか》、宮殿《きゅうでん》が存在《そんざい》しない。

おそらくインダスの人《ひと》びとは、貧富《ひんぷ》の差《さ》があまりない、平《びょう》等《どう》なくらしを送《おく》っていたのだろう。

特別《とくべつ》コラム

エジプト文明《ぶんめい》とアメリカ大陸《たいりく》に築《きず》かれた文明《ぶんめい》の違《ちが》いと共通点《きょうつうてん》

アメリカ大陸《たいりく》に文明《ぶんめい》が築《きず》かれたのは、北《きた》アフリカ、アジアで文明《ぶんめい》が生《う》まれてから数千年後《すうせんねんご》のことだ。

記録《きろく》に確認《かくにん》できる最古《さいこ》のアメリカ大《たい》陸《りく》の文明《ぶんめい》はオルメカ人《じん》によって築《きず》かれ、他《ほか》の文明《ぶんめい》とは異《こと》なる発展《はってん》をとげた。

ところが共通点《きょうつうてん》もある。オルメカ人《じん》も天体観測《てんたいかんそく》を行《おこな》って暦《こよみ》をつくり出《だ》し、その後《ご》のマヤ文明《ぶんめい》の時代《じだい》にはエジプトのピラミッドに似《に》た神殿《しんでん》が築《きず》かれた。エジプトではピラミッドは王家《おうけ》のために建《た》てられたが、マヤでは、神《かみ》にいけにえの心臓《しんぞう》を捧《ささ》げる儀式《ぎしき》の場所《ばしょ》として使《つか》われていたという。

写真／Shutterstock

タイムマシンが
なくなった!!

人類《じんるい》進化《しんか》の不思議《ふしぎ》Q&A《キューアンドエー》

Q ホモ・サピエンスが日本列島《にっぽんれっとう》にはじめて到来《とうらい》する以前《いぜん》、日本《にほん》には原人《げんじん》がいた。本当《ほんとう》？ ウソ？

A ウソ　かつては「明石《あかし》原人《げんじん》」などがいたとされていたが、現在《げんざい》は否定《ひてい》され、原人《げんじん》がいた確《たし》かな証拠《しょうこ》は見《み》つかっていない。

人類進化《じんるいしんか》の不思議《ふしぎ》Q&A《キューアンドエー》

Q 約《やく》4万年前《まんねんまえ》、台湾《たいわん》から沖縄《おきなわ》までは陸地《りくち》がつながっていて、ホモ・サピエンスは歩《ある》いて沖縄《おきなわ》に渡《わた》った。本当《ほんとう》? ウソ?

A ウソ　当時《とうじ》も台湾《たいわん》と沖縄《おきなわ》の間《あいだ》には海《うみ》があり、舟《ふね》を使《つか》って渡《わた》ったと考《かんが》えられているよ。

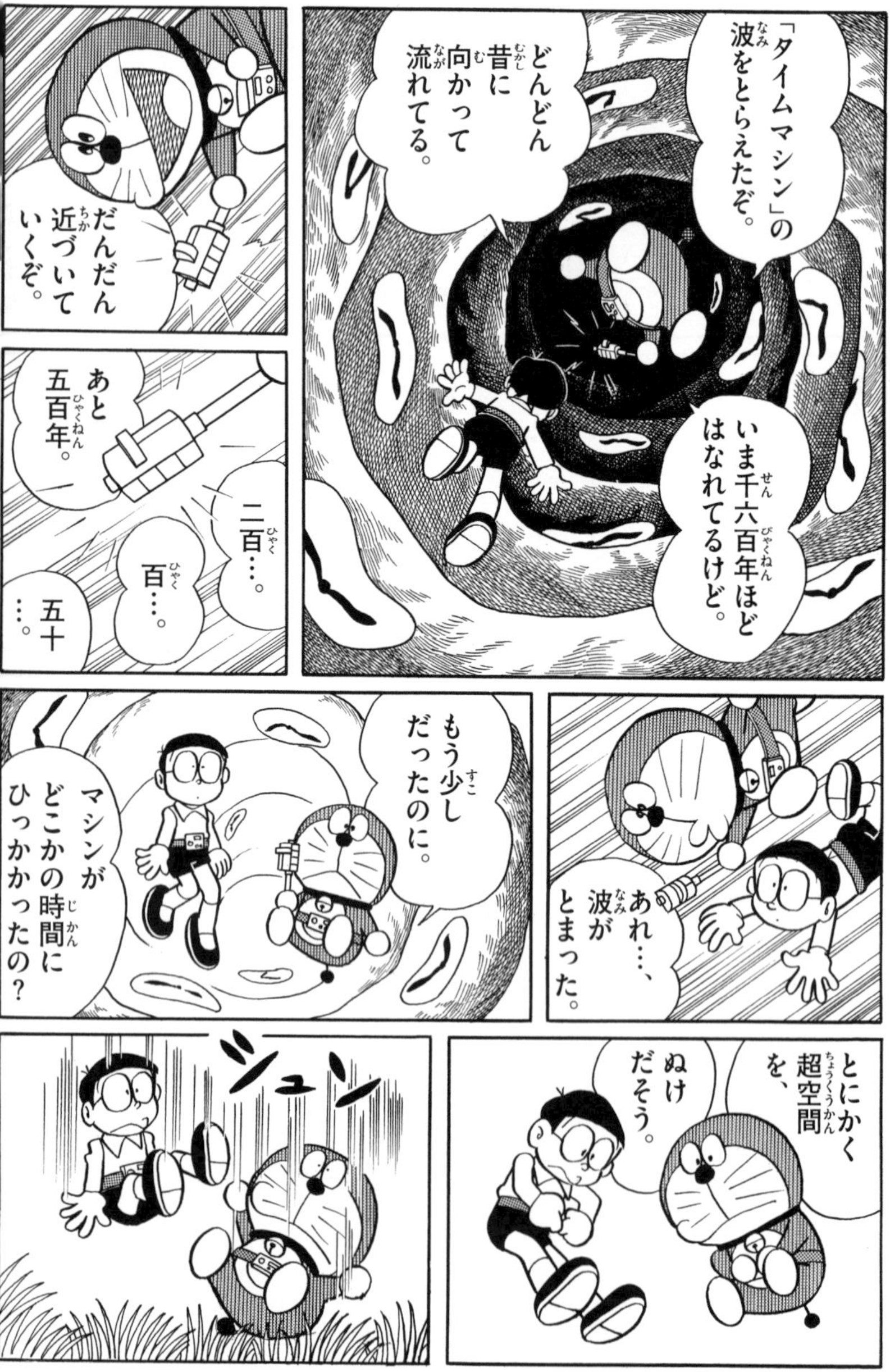

人類《じんるい》進化《しんか》の不思議《ふしぎ》Q&A《キューアンドエー》

Q 日本国内《にほんこくない》で見《み》つかっている旧石器時代《きゅうせっきじだい》の遺跡《いせき》の数《かず》は？

①約《やく》100か所《しょ》 ②約《やく》1000か所《しょ》 ③1万《まん》か所以上《しょいじょう》

A ③1万《まん》か所以上《しょいじょう》「井出丸山遺跡《いでまるやまいせき》」(静岡県《しずおかけん》)など、3万年前《まんねんまえ》より古《ふる》いものも約《やく》500か所見《しょみ》つかっている。

人類進化《じんるいしんか》の不思議《ふしぎ》Q&A《キューアンドエー》

Q 最初《さいしょ》に大陸《たいりく》から沖縄《おきなわ》に渡《わた》ってきたホモ・サピエンスは、九州《きゅうしゅう》に進出《しんしゅつ》しなかった可能性《かのうせい》が高《たか》い。本当《ほんとう》？　ウソ？

A 本当《ほんとう》 DNA《ディーエヌエー》解析《かいせき》の結果《けっか》から、旧石器時代《きゅうせっきじだい》に沖縄《おきなわ》にいた人々《ひとびと》は、沖縄《おきなわ》で絶滅《ぜつめつ》した可能性《かのうせい》が高《たか》いといわれている。

ああ、びっくりした!! ああ、びっくりした!!
なにかにおどろいて、いっせいににげ出《だ》したんだ。
なんだろう…。
ひょっとして「タイムマシン」
!?
ズル…
バキ
メリメリ
なにか大《おお》きな…重《おも》いものをひきずってるような音《おと》だ。
ズル
ズル
木《き》や草《くさ》が……、
メチャメチャにふみあらされてる。
なにが通《とお》ったんだろう。
さあ……………。
あ〜〜〜っ。
あれは!?

人類《じんるい》進化《しんか》の不思議《ふしぎ》Q&A《キューアンドエー》

Q 旧石器時代《きゅうせっきじだい》の遺跡《いせき》で、石器《せっき》より貝殻《かいがら》で作《つく》った道具《どうぐ》が多《おお》く見《み》つかるのは?

①沖縄《おきなわ》 ②本州《ほんしゅう》 ③北海道《ほっかいどう》

A

①沖縄《おきなわ》　沖縄本島《おきなわほんとう》のサキタリ洞遺跡《どういせき》では、貝殻《かいがら》でつくった道具《どうぐ》や貝《かい》のアクセサリーなどが見《み》つかっているよ。

人類《じんるい》進化《しんか》の不思議《ふしぎ》Q&A《キューアンドエー》

Q 日本《にほん》の時代区分《じだいくぶん》では、旧石器時代《きゅうせっきじだい》の次《つぎ》は新石器時代《しんせっきじだい》。本当《ほんとう》? ウソ?

A ウソ　旧石器時代《きゅうせっきじだい》の次《つぎ》は約《やく》1万《まん》6000年前《ねんまえ》にはじまる縄文時代《じょうもんじだい》。日本《にほん》には新石器時代《しんせっきじだい》と呼《よ》ばれる時代区分《じだいくぶん》は存在《そんざい》しないんだ。

いやに静《しず》かだなあ。
なんか、いんきくさいいや〜な感《かん》じ…。
シクシク…。

人類進化《じんるいしんか》の不思議《ふしぎ》Q&A《キューアンドエー》

Q 縄文人《じょうもんじん》の祖先《そせん》は、東南《とうなん》アジアから渡《わた》ってきた南方系《なんぽうけい》の人々《ひとびと》だった。本当《ほんとう》? ウソ?

A ウソ　南方系《なんぽうけい》だけでなく、大陸《たいりく》のさまざまな地域《ちいき》からやってきた人々《ひとびと》が日本《にほん》で混血《こんけつ》して縄文人《じょうもんじん》が生《う》まれたと考《かんが》えられているよ。

ヤマタのオロチさま、いけにえをささげますから、
どうか村《むら》をあらさないでください。

にげろ!!ぐずぐずしてるとオロチが出《で》るぞ。

ほんとにオロチがくるのかなあ…。

きみが、オロチなんかやっつけてやるなんて、女《おんな》の子《こ》のまえでいいかっこするから、こんなことになるんだ！

人類《じんるい》進化《しんか》の不思議《ふしぎ》Q&A《キューアンドエー》

Q 日本《にほん》で縄文《じょうもん》時代《じだい》の人骨《じんこつ》がいくつも見《み》つかるのは貝塚《かいづか》のおかげ。本当《ほんとう》？　ウソ？

A 本当《ほんとう》　日本《にほん》は酸性《さんせい》の土壌《どじょう》が多《おお》く骨《ほね》が残《のこ》りにくいけれど、貝塚《かいづか》では貝殻《かいがら》のカルシウムが骨《ほね》を守《まも》ってくれるんだ。

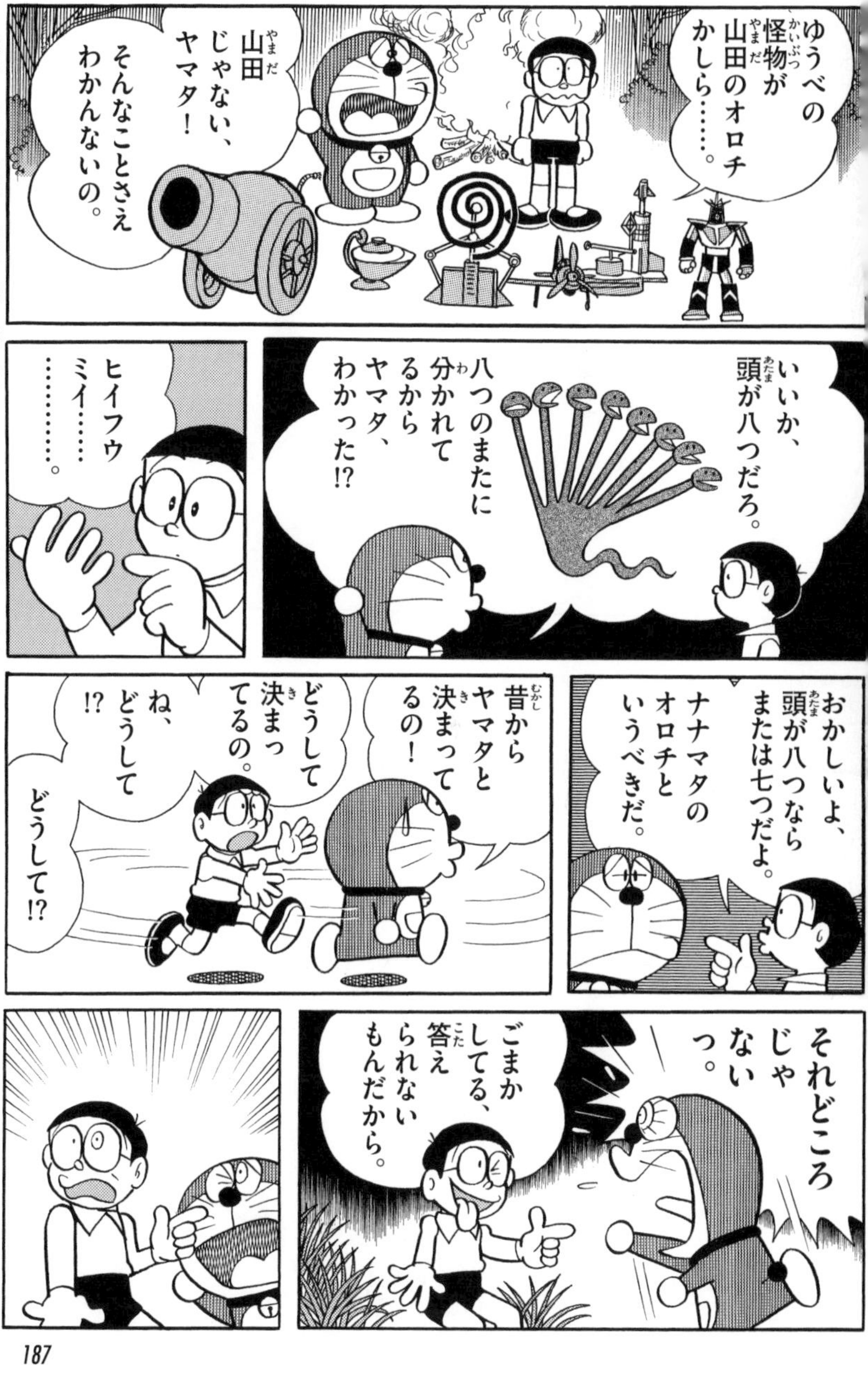
ゆうべの怪物《かいぶつ》が山田《やまだ》のオロチかしら……。
山田《やまだ》じゃない、ヤマタ！
そんなことさえわかんないの。
いいか、頭《あたま》が八つだろ。
八つのまたに分《わ》かれてるからヤマタ、わかった!?
ヒイフウミイ……………。
おかしいよ、頭《あたま》が八つならまたは七つだよ。
ナナマタのオロチというべきだ。
昔《むかし》からヤマタと決《き》まってるの！
どうして決《き》まってるの。
ね、どうして!?
どうして!?
それどころじゃないっ。
ごまかしてる、答《こた》えられないもんだから。

人類進化《じんるいしんか》の不思議《ふしぎ》Q&A《キューアンドエー》

Q 農耕《のうこう》が始《はじ》まる前《まえ》、縄文人《じょうもんじん》が植《う》えて育《そだ》てていたとされるのは?

①トウモロコシ　②クリ　③ムギ

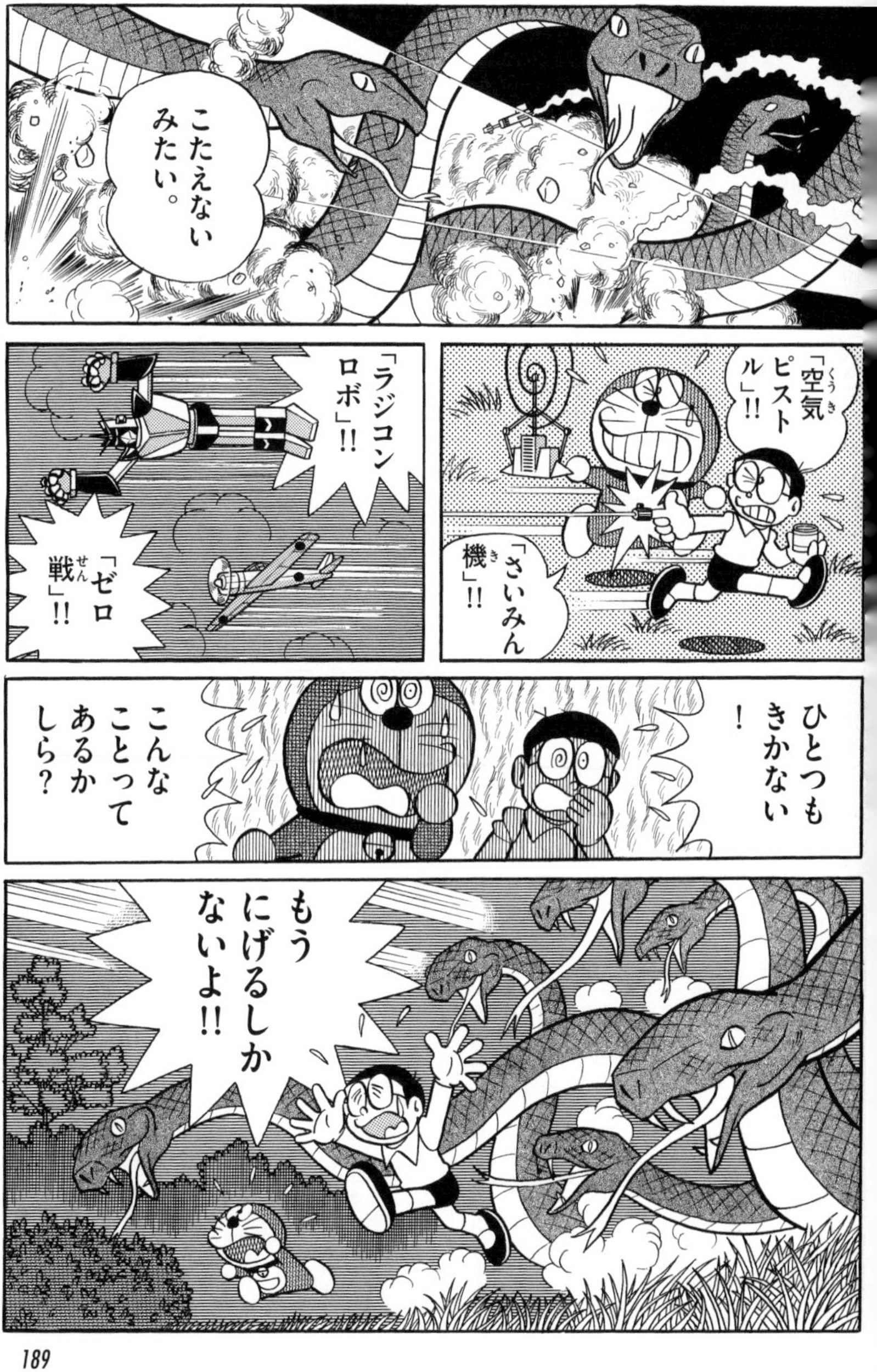

A ②クリ　縄文人《じょうもんじん》の集落《しゅうらく》があった場所《ばしょ》から、クリの花粉《かふん》が非常《ひじょう》に多《おお》く見《み》つかることがあり、縄文人《じょうもんじん》が植《う》えたものと考《かんが》えられている。

しげみににげこめ。
むだだろうけど。
ザザザ
行《い》った?
シッ、キョロキョロさがしてる。
あっ。
「タイムマシン」!!
「モンスターボール」も!!
ヤマタのオロチのボタンがおしてある。
サルかなにかが、いたずらしておしたんだよ。
ジャーッ

人類《じんるい》進化《しんか》の不思議《ふしぎ》Q&A《キューアンドエー》

Q 弥生時代《やよいじだい》の「弥生《やよい》」は、この時代《じだい》の遺跡《いせき》をはじめて見《み》つけた人《ひと》の名前《なまえ》から名《な》づけられた。本当《ほんとう》? ウソ?

A ウソ　東京都文京区弥生《とうきょうとぶんきょうくやよい》の貝塚《かいづか》で、縄文時代《じょうもんじだい》のものとは異《こと》なる土器《どき》が見《み》つかったことから弥生時代《やよいじだい》と名《な》づけられたんだ。

日本《にほん》へたどり着《つ》いたホモ・サピエンス

人類《じんるい》がユーラシア大陸《たいりく》を越《こ》えて日本《にほん》へ到達《とうたつ》した3つのルート

人類《じんるい》が日本《にほん》へ最初《さいしょ》に足《あし》を踏《ふ》み入《い》れたのはいつ頃《ごろ》だったのだろう。約《やく》180万年前《まんねんまえ》、はじめてアフリカを出《で》た人類《じんるい》はホモ・エレクトス（原人《げんじん》）と考《かんが》えられている。彼《かれ》らはアジアにも進出《しんしゅつ》し、ジャワ原人《げんじん》や北京原人《ぺきんげんじん》の化石《かせき》が発見《はっけん》されている。かつて日本《にほん》にも「明石原人《あかしげんじん》」などの原人《げんじん》がいたとする説《せつ》があった。だが、現在《げんざい》は否定《ひてい》され、原人《げんじん》がいた確《たし》かな証拠《しょうこ》は見《み》つかっていない。

遺跡《いせき》の発掘《はっくつ》調査《ちょうさ》などから、日本《にほん》に最《さい》初《しょ》に住《す》みはじめた人類《じんるい》は約《やく》3万《まん》8000年前《ねんまえ》以降《いこう》のホモ・サピエンスとされる。約《やく》6万年前《まんねんまえ》にアフリカを出《で》たホモ・サピエンスは、約《やく》5～4万年前《まんねんまえ》には東南《とうなん》アジアや東《ひがし》アジアへ進出《しんしゅつ》していた。彼《かれ》らが日本《にほん》へ渡《わた》ったとしても不思議《ふしぎ》はない。

だが、彼《かれ》らはどうやって海《うみ》を越《こ》えたのだろう。実《じつ》は氷期《ひょうき》だったこの頃《ころ》、海面《かいめん》は現在《げんざい》より100m近《ちか》く低《ひく》かった。陸地《りくち》が現在《げんざい》より広《ひろ》く、本州《ほんしゅう》・四国《しこく》・九州《きゅうしゅう》はひとつにつながり、北海道《ほっかいどう》は本州《ほんしゅう》とは離《はな》れていたが、大陸《たいりく》とは陸続《りくつづ》きだった。そのため、手漕《てこ》ぎの木舟《きぶね》のような原始的《げんしてき》な舟《ふね》でも、日本《にほん》へ到達《とうたつ》することができたと考《かんが》えられている。また、この頃《ころ》（後期旧石器時《こうききゅうせっきじ》代《だい》）の遺跡《いせき》から見《み》つかる石器《せっき》などの多様性《たようせい》から、さまざまな文化的《ぶんかてき》な特徴《とくちょう》をもつホモ・サピエンスが、上《うえ》の図《ず》に示《しめ》すように、3つの異《こと》なるルートから、複数回《ふくすうかい》にわたって日本《にほん》へやってきたと言《い》われている。

イラスト／佐藤 諭

▲シベリア～北海道《ほっかいどう》、朝鮮半島《ちょうせんはんとう》、台湾《たいわん》～南西諸島《なんせいしょとう》の3ルートから日本《にほん》へ来《き》た？

◀刃《は》を磨《みが》いた石斧《せきふ》は日本《にほん》独自《どくじ》の技術《ぎじゅつ》とされる。

撮影／大橋賢　撮影協力／国立科学博物館

旧石器時代《きゅうせっきじだい》の日本人《にほんじん》は移動《いどう》しながらくらした!?

日本《にほん》では旧石器時代《きゅうせっきじだい》（縄文時代《じょうもんじだい》の前《まえ》）の化石人骨《かせきじんこつ》は沖縄《おきなわ》を除《のぞ》いてほとんど見《み》つかっていない。しかし、遺跡《いせき》は全国各地《ぜんこくかくち》で数多《かずおお》く発見《はっけん》され、3万年前《まんねんまえ》より古《ふる》いものだけでも約《やく》500か所《しょ》に及《およ》ぶ。遺跡《いせき》の調査《ちょうさ》から、旧石器人《きゅうせっきじん》が日本《にほん》に渡《わた》った3つのルートのなかでも、朝鮮半島《ちょうせんはんとう》から対馬《つしま》を経由《けいゆ》して海《うみ》を越《こ》えるルートが最《もっと》も古《ふる》かったとみられている。

約《やく》3万《まん》8000年前《ねんまえ》以降《いこう》に朝鮮半島《ちょうせんはんとう》から北九州《きたきゅうしゅう》付近《ふきん》に渡《わた》った人々《ひとびと》は、南九州《みなみきゅうしゅう》・四国《しこく》・本州《ほんしゅう》の東海地方《とうかいちほう》あたりまで広《ひろ》がった。彼《かれ》らは刃《は》を砥石《といし》で磨《みが》いた石斧《せきふ》（刃部磨製石斧《じんぶませいせきふ》）や、槍《やり》の先《さき》にマイナスドライバーのような形状《けいじょう》の石器《せっき》（台形様石器《だいけいようせっき》）をつけるなど、この時代《じだい》には世界《せかい》でもあまり例《れい》がない独自《どくじ》の石器《せっき》を使用《しよう》した。また、彼《かれ》らはテントのような簡単《かんたん》な住居《じゅうきょ》を円形《えんけい》に配置《はいち》して集団生活《しゅうだんせいかつ》をしていたが、獲物《えもの》を追《お》って移動《いどう》したらしい。落《お》とし穴《あな》を使《つか》って猟《りょう》をした跡《あと》なども発見《はっけん》されている。

▲旧石器人《きゅうせっきじん》は獲物《えもの》を追《お》って移動《いどう》しながら生活《せいかつ》した。

イラスト／佐藤　諭

特別《とくべつ》コラム

沖縄《おきなわ》は古人骨《こじんこつ》の宝庫《ほうこ》！

日本《にほん》は土壌《どじょう》の多《おお》くが弱酸性《じゃくさんせい》のため、古《ふる》い人骨《じんこつ》が保存《ほぞん》されにくい。そのため、北海道《ほっかいどう》から九州《きゅうしゅう》までで、旧石器時代《きゅうせっきじだい》の人骨《じんこつ》が見《み》つかっているのは浜北根堅遺跡《はまきたねがたいせき》（静岡県《しずおかけん》）1か所《しょ》のみだ。ただし唯一《ゆいいつ》の例外《れいがい》が南西諸島《なんせいしょとう》。奄美大島以南《あまみおおしまいなん》の島々《しまじま》は、サンゴ礁《しょう》を起《き》源《げん》とする石灰岩《せっかいがん》（アルカリ性《せい》）が広《ひろ》がっており、人骨《じんこつ》が残《のこ》りやすい。約《やく》3万《まん》7000年前《ねんまえ》の人骨《じんこつ》「山下町洞人《やましたちょうどうじん》」（日本《にほん》で発見《はっけん》された人骨《じんこつ》で最《さい》古《こ》）をはじめ、旧石器時代《きゅうせっきじだい》の人骨《じんこつ》が数多《かずおお》く見《み》つかっている。なかでも現在調査《げんざいちょうさ》が進《すす》む白保竿根田原洞穴遺跡《しらほさおねたばるどうけついせき》は、アジアでも有数《ゆうすう》の規模《きぼ》と注目《ちゅうもく》されている。

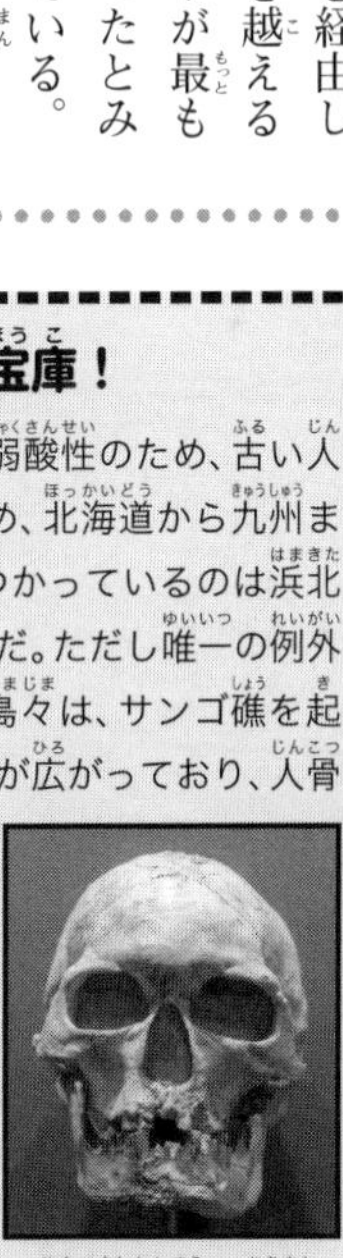

▲約《やく》2万年前《まんねんまえ》の沖縄《おきなわ》・港川人《みなとがわじん》の頭骨《とうこつ》。

撮影／大橋賢　撮影協力／国立科学博物館

縄文人《じょうもんじん》と弥生人《やよいじん》は争《あらそ》うことなくひとつになった

豊《ゆた》かな自然《しぜん》の恵《めぐ》みを受《う》けて定住生活《ていじゅうせいかつ》を送《おく》った縄文人《じょうもんじん》

日本《にほん》に旧石器人《きゅうせっきじん》がくらしはじめた頃《ころ》、地球《ちきゅう》は最終氷期《さいしゅうひょうき》にあたり、最《もっと》も寒《さむ》かった約《やく》2万《まん》3000年前《ねんまえ》の日本《にほん》の年《ねん》平均気温《へいきんきおん》は、現在《げんざい》より約《やく》7℃も低《ひく》かったと考《かんが》えられている。寒《さむ》さが和《やわ》らぎ、温暖《おんだん》な気候《きこう》に変《か》わりはじめたのは1万《まん》8000年前頃《ねんまえころ》からだ。森《もり》は針葉樹《しんようじゅ》からクヌギ・コナラなどの落葉広葉樹《らくようこうようじゅ》や照葉樹《しょうようじゅ》に変《か》わり、寒冷《かんれい》な気候《きこう》を好《この》むナウマンゾウやヘラジカに代《か》わって、イノシシやシカなどの動物《どうぶつ》が増《ふ》えるなど、環境《かんきょう》も変《か》わっていった。そして約《やく》1万《まん》6000年《ねん》前《まえ》に縄文時代《じょうもんじだい》がはじまった。

skipinof／PIXTA

▲縄文人《じょうもんじん》がくらした竪穴式住居《たてあなしきじゅうきょ》の例《れい》。

縄文時代《じょうもんじだい》の大《おお》きな特徴《とくちょう》は、縄目《なわめ》の文様《もんよう》がある縄文土器《じょうもんどき》の使用《しよう》だ。では、この土器《どき》を発明《はつめい》した縄文人《じょうもんじん》はどこからやってきたのだろう。

かつては、アジア大陸《たいりく》の南方《なんぽう》からやってきた人々《ひとびと》が日本全国《にほんぜんこく》に広《ひろ》がり、縄文文化圏《じょうもんぶんかけん》が形成《けいせい》されたと考《かんが》えられていた。しかし現在《げんざい》は、DNA研究《ディーエヌエーけんきゅう》の成果《せいか》などから、縄文人《じょうもんじん》は同一集団《どういつしゅうだん》ではなく、旧石器時代《きゅうせっきじだい》に大陸《たいりく》のさまざまな地域《ちいき》からやってきた人々《ひとびと》が、日本《にほん》で混血《こんけつ》して縄文人《じょうもんじん》になったとする説《せつ》が有力《ゆうりょく》だ。また、縄文人《じょうもんじん》と聞《き》くと、骨太《ほねぶと》でがっしりした体格《たいかく》を思《おも》い浮《う》かべる人《ひと》が多《おお》いかもしれないが、初期《しょき》の縄文人《じょうもんじん》はどちらかというと華奢《きゃしゃ》だったらしい。体格《たいかく》が変《か》わったのは、温暖化《おんだんか》とともに自然《しぜん》が豊《ゆた》かになり、木《き》の実《み》や動物《どうぶつ》の肉《にく》、魚《さかな》や貝《かい》など、豊富《ほうふ》な食料《しょくりょう》が手《て》に入《はい》るようになり、栄養状態《えいようじょうたい》がよくなったためと考《かんが》えられている。

▼芸術的《げいじゅつてき》な形状《けいじょう》の火焔型縄文土器《かえんがたじょうもんどき》。

▼縄文時代《じょうもんじだい》の土偶《どぐう》。魔除《まよ》けだった？

撮影協力／国立科学博物館

日本《にほん》に稲作文化《いなさくぶんか》をもち込《こ》んだ渡来系弥生人《とらいけいやよいじん》たち

縄文時代《じょうもんじだい》はおよそ1万《まん》3000年《ねん》にわたって続《つづ》いたが、約《やく》3000年前《ねんまえ》に稲作農耕《いなさくのうこう》が広《ひろ》がり、弥生時代《やよいじだい》がはじまった。

日本《にほん》に稲作農耕文化《いなさくのうこうぶんか》をもたらしたのは、大陸《たいりく》から朝鮮《ちょうせん》半島《はんとう》を経由《けいゆ》してやってきた渡来系《とらいけい》弥生人《やよいじん》たちだった。だが、縄文人《じょうもんじん》と新《あら》たにやってきた渡来系弥生人《とらいけいやよいじん》との間《あいだ》に大《おお》きな争《あらそ》いがあった証拠《しょうこ》は見《み》つかっていない。両者《りょうしゃ》は平和的《へいわてき》に少《すこ》しずつ融合《ゆうごう》していったと考《かんが》えられている。

▲稲作農耕文化《いなさくのうこうぶんか》とともに大陸《たいりく》から渡《わた》ってきた渡来系弥生人《とらいけいやよいじん》は、縄文人《じょうもんじん》と争《あらそ》うことなく、仲《なか》よくくらした。

イラスト／佐藤 諭

それは、野生動物《やせいどうぶつ》の狩猟《しゅりょう》や植物《しょくぶつ》を採集《さいしゅう》する縄文人《じょうもんじん》の生活《せいかつ》の場《ば》が山間部《さんかんぶ》で、稲作《いなさく》を行《おこな》う人々《ひとびと》は水田《すいでん》がつくりやすい平野部《へいやぶ》でくらすというように、お互《たが》いにすみ分《わ》けができたからかもしれない。また、豊《ゆた》かな自然《しぜん》は1年中海《ねんじゅううみ》の幸《さち》・山《やま》の幸《さち》をもたらしてくれるが、大量《たいりょう》には手《て》に入《はい》らない。稲作《いなさく》は収穫時《しゅうかくじ》こそ高《こう》カロリーな米《こめ》が大量《たいりょう》に手《て》に入《はい》るが、育《そだ》てるまでに半年《はんとし》かかり、悪天《あくてん》候《こう》で不作《ふさく》になることもある。

こうしたお互《たが》いの長所《ちょうしょ》と短所《たんしょ》を補《おぎな》い合《あ》うことで食糧事《しょくりょうじ》情《じょう》を安定《あんてい》させることができたため、お互《たが》いの交流《こうりゅう》が広《ひろ》がり、争《あらそ》うことなくひとつになれたのかもしれない。

特別コラム

オホーツク文化人《ぶんかじん》とアイヌの関係《かんけい》

渡来系弥生人《とらいけいやよいじん》の子孫《しそん》は、稲作農耕文《いなさくのうこうぶん》化《か》とともに日本各地《にほんかくち》に分布《ぶんぷ》を広《ひろ》げたが、北海道《ほっかいどう》には進出《しんしゅつ》せず、縄文人《じょうもんじん》の末裔《まつえい》がアイヌの起源《きげん》とされてきた。ところが、DNA研究《ディーエヌエーけんきゅう》により、アイヌの人《ひと》びとのなかに、かつてオホーツク沿岸《えんがん》に住《す》んでいた海洋漁猟民族《かいようぎょりょうみんぞく》・オホーツク文化人《ぶんかじん》とつながりがあるとされるカムチャッカ半島《はんとう》の先住民《せんじゅうみん》と共通《きょうつう》する遺伝子《いでんし》をもつ人《ひと》がいることがわかった。ヒグマを神聖《しんせい》なものとして祀《まつ》る風習《ふうしゅう》もオホーツク文化《ぶんか》と共通《きょうつう》する。アイヌはユーラシア北東部《ほくとうぶ》の人《ひと》びとと、より深《ふか》いかかわりがある集団《しゅうだん》なのかもしれない。

日本人《にほんじん》のくらしかたの原点《げんてん》を築《きず》いた弥生時代人《やよいじだいじん》たち

稲作農耕文化《いなさくのうこうぶんか》をもたらした渡来系弥生人《とらいけいやよいじん》は、まず九州《きゅうしゅう》北部付近《ほくぶふきん》に移住《いじゅう》し、少《すこ》しずつ勢力《せいりょく》を拡大《かくだい》していった。しかし、前《ぜん》ページに記《しる》したとおり、縄文人《じょうもんじん》が渡来系弥生人《とらいけいやよいじん》に滅《ほろ》ぼされたわけではない。むしろ縄文人《じょうもんじん》が渡来系弥生人《とらいけいやよいじん》を受《う》け入《い》れたと言《い》えるかもしれない。その証拠《しょうこ》に、狩猟《しゅりょう》や漁労《ぎょろう》をはじめ米《こめ》づくり以外《いがい》の食糧入手《しょくりょうにゅうしゅ》の技術《ぎじゅつ》、家《いえ》づくり、祀《まつ》りなどの生活文化《せいかつぶんか》を見《み》ると、縄文時代《じょうもんじだい》から弥生時代《やよいじだい》に受《う》け継《つ》がれたものも多《おお》い。縄文時代《じょうもんじだい》から継承《けいしょう》された文化《ぶんか》と、弥生時代《やよいじだい》の新《あたら》しい文化《ぶんか》が融合《ゆうごう》し、弥生時代《やよいじだい》に日本人《にほんじん》のくらしかたの原点《げんてん》が形《かたち》づくられた。

J6HQL／PIXTA
▲高床建築《たかゆかけんちく》。弥生時代《やよいじだい》の穀物倉庫《こくもつそうこ》。

一般《いっぱん》に、弥生人《やよいじん》と聞《き》くと、縄文人《じょうもんじん》よりも背《せ》が高《たか》く、面長《おもなが》で平《ひら》べったい顔《かお》を思《おも》い浮《う》かべる人《ひと》が多《おお》いはずだ。これはまさしく渡来系弥生人《とらいけいやよいじん》の特徴《とくちょう》だ。発掘《はっくつ》された骨《ほね》を比較《ひかく》すると、縄文人《じょうもんじん》と渡来系弥生人《とらいけいやよいじん》の骨格《こっかく》の形態《けいたい》にはいろいろな違《ちが》いがある。たとえば、縄文人《じょうもんじん》の四肢《しし》の骨《ほね》は筋肉《きんにく》のつく部分《ぶぶん》が発達《はったつ》し、全体《ぜんたい》にごつごつしている。推定《すいてい》される身長《しんちょう》は、縄文人《じょうもんじん》のほうが男性《だんせい》の平均値《へいきんち》で約《やく》5センチ、女性《じょせい》は約《やく》2センチ低《ひく》い。また、縄文人《じょうもんじん》の歯《は》は、渡来系弥生人《とらいけいやよいじん》に比《くら》べて小《ちい》さく、上《うわ》あごの形状《けいじょう》にも違《ちが》いが見《み》られる。弥生時代《やよいじだい》に、大陸《たいりく》からどれほどの数《かず》の人《ひと》びとが日本《にほん》に来《き》たかは不明《ふめい》だ。だが、米《こめ》は収量《しゅうりょう》が大《おお》きく、高《こう》カロリーでエネルギー効率《こうりつ》もよいため、縄文人《じょうもんじん》より多《おお》くの子《こ》どもを産《う》み育《そだ》てることが可能《かのう》だったとされ、稲作《いなさく》を行《おこな》う渡来系弥生人《とらいけいやよいじん》の子孫《しそん》は増《ふ》え続《つづ》け、縄文人《じょうもんじん》との混血《こんけつ》も増《ふ》えたに違《ちが》いない。こうして日本人《にほんじん》の弥生化《やよいか》が進《すす》んだ。

もちろん、全国《ぜんこく》で一斉《いっせい》に弥生化《やよいか》したわけではない。南北《なんぼく》に細長《ほそなが》い日本《にほん》は気温差《きおんさ》も大《おお》きく、稲作《いなさく》に不向《ふむ》きな土地《とち》も多《おお》かった。渡来系弥生人《とらいけいやよいじん》と混血《こんけつ》せず、縄文系《じょうもんけい》の特徴《とくちょう》を受《う》け継《つ》いだ人々《ひとびと》も弥生時代《やよいじだい》の日本《にほん》に数多《かずおお》くいた。

▼弥生時代《やよいじだい》に珍重《ちんちょう》された青銅鏡《せいどうきょう》。

▼銅鐸《どうたく》。祭祀《さいし》に用《もち》いられた？

撮影協力／国立科学博物館

人間《にんげん》機関車《きかんしゃ》

人類進化《じんるいしんか》の不思議《ふしぎ》Q&A《キューアンドエー》

Q 南太平洋《みなみたいへいよう》の島々《しまじま》に最初《さいしょ》に人類《じんるい》が渡《わた》ったのは？

①約《やく》4万年前《まんねんまえ》　②約《やく》2万年前《まんねんまえ》　③約《やく》6000～3000年前《ねんまえ》

A ③約《やく》6000〜3000年前《ねんまえ》 このころにホモ・サピエンスは南太平洋《みなみたいへいよう》に進出《しんしゅつ》したと考《かんが》えられている。

人類進化《じんるいしんか》の不思議《ふしぎ》Q&A《キューアンドエー》

Q 関東《かんとう》でくらす人々《ひとびと》の遺伝的《いでんてき》な構成《こうせい》がほぼ現在《げんざい》と同《おな》じになったのは？

①弥生時代《やよいじだい》
②平安時代《へいあんじだい》
③鎌倉時代《かまくらじだい》

A ③鎌倉時代《かまくらじだい》　縄文人《じょうもんじん》と渡来系弥生人《とらいけいやよいじん》との融合《ゆうごう》はゆっくりと進《すす》み、関東《かんとう》では鎌倉時代《かまくらじだい》を迎《むか》えるまで縄文系《じょうもんけい》の人《ひと》が多《おお》く残《のこ》っていたとされる。

人類《じんるい》進化《しんか》の不思議《ふしぎ》Q&A《キューアンドエー》

Q 南米大陸《なんべいたいりく》に最初《さいしょ》に到達《とうたつ》した人類《じんるい》はどこから来《き》た？

①アフリカ

②北米大陸《ほくべいたいりく》

③南太平洋《みなみたいへいよう》の島々《しまじま》

A

②北米大陸《ほくべいたいりく》　シベリアから当時《とうじ》陸続《りくつづ》きだったベーリング海峡《かいきょう》を越《こ》え、北米大陸《ほくべいたいりく》を経《へ》て南米大陸《なんべいたいりく》に到達《とうたつ》したとされる。

地球《ちきゅう》全体《ぜんたい》に広《ひろ》がるホモ・サピエンス社会《しゃかい》

新《あら》たな人類《じんるい》大移動《だいいどう》を生《う》んだ大航海時代《だいこうかいじだい》と産業革命《さんぎょうかくめい》

アフリカと中東《ちゅうとう》以外《いがい》で最《もっと》も古《ふる》いホモ・サピエンスの人骨《じんこつ》は、東南《とうなん》アジアとオーストラリアで発見《はっけん》されている。マレーシアのニア洞窟《どうくつ》で見《み》つかった人骨《じんこつ》「ディープ・スカル」は、約《やく》4万《まん》2000年前《ねんまえ》のものとされ、オーストラリアでも4万年以上前《まんねんいじょうまえ》の人骨《じんこつ》が見《み》つかっている。約《やく》6万《まん》年前《ねんまえ》にアフリカを出《で》たホモ・サピエンスは、1万数千年《まんすうせんねん》の間《あいだ》にオーストラリアまで到達《とうたつ》した。その一方《いっぽう》、ユーラシア大陸《たいりく》を北上《ほくじょう》した集《しゅう》団《だん》も、これまで考《かんが》えられていたより早《はや》い約《やく》4万《まん》5000年前《ねんまえ》にはシベリアへ到達《とうたつ》していたようだ。その後《ご》、約《やく》3万《まん》~1万《まん》5000年前《ねんまえ》には陸橋《りっきょう》になっていたベーリング海峡《かいきょう》を越《こ》えて、北《きた》アメリカ大陸《たいりく》に渡《わた》ったと考《かんが》えられる。

写真／Shutterstock

▲新大陸《しんたいりく》を“発見《はっけん》”したコロンブス。

最初《さいしょ》に世界各地《せかいかくち》に拡《かく》散《さん》したホモ・サピエンスは狩猟採集民《しゅりょうさいしゅうみん》で、彼《かれ》らは獲物《えもの》を追《お》って世界《せかい》に広《ひろ》がった。やがて地《ち》球《きゅう》が温暖化《おんだんか》し、農耕《のうこう》が行《おこな》われるようになると、人口《じんこう》が増加《ぞうか》し、農耕民《のうこうみん》の移住《いじゅう》と拡散《かくさん》がはじまる。さらに時代《じだい》が進《すす》み、15世紀《せいき》には大航海時代《だいこうかいじだい》を迎《むか》え、ホモ・サピエンスは主《おも》に経済的《けいざいてき》な目的《もくてき》で大移動《だいいどう》を開始《かいし》する。ヨーロッパの人々《ひとびと》は南北《なんぼく》アメリカ（新大陸《しんたいりく》）、アジア、アフリカに進出《しんしゅつ》し、そこから莫大《ばくだい》な富《とみ》を得《え》た。それが18世紀後半《せいきこうはん》の産業革命《さんぎょうかくめい》につながる。石炭《せきたん》を燃料《ねんりょう》とする蒸気機関《じょうききかん》、その後《ご》の石油《せきゆ》の使用《しよう》による動力源《どうりょくげん》の革新《かくしん》は、人類《じんるい》の移動《いどう》と拡散《かくさん》をさらに加速《かそく》させた。

▼蒸気機関《じょうききかん》は交通《こうつう》を大《おお》きく発展《はってん》させた。

写真／Shutterstock

多様《たよう》化《か》から均質化《きんしつか》に向《む》かう ホモ・サピエンス

初期猿人《しょきえんじん》が森《もり》を出《で》て草原《そうげん》へ進出《しんしゅつ》してから、人類《じんるい》の壮大な旅《たび》がはじまった。アフリカで誕生《たんじょう》した人類《じんるい》は、約《やく》180万年前以降《まんねんまえいこう》にユーラシアへ広《ひろ》がったといわれる（原人《げんじん》）。やがて約《やく》20万年前《まんねんまえ》に登場《とうじょう》したとされるホモ・サピエンスがアフリカを出《で》て、地球《ちきゅう》を舞台《ぶたい》とした人類《じんるい》の移動《どう》と拡散《かくさん》の歴史《れきし》が、本格的《ほんかくてき》にスタートする。その大《おお》まかな流《なが》れはここまでで紹介《しょうかい》したとおりで、大航海時代《だいこうかいじだい》を経《へ》て産業革命《さんぎょうかくめい》によって引《ひ》き起《お》こされた経済的《けいざいてき》な目的《もくてき》を中心《ちゅうしん》とした人類《じんるい》の移動《いどう》と拡散《かくさん》は、現在《げんざい》も続《つづ》いている。

人類《じんるい》の拡散《かくさん》は、大《おお》きく「集団拡散《しゅうだんかくさん》」と「文化拡散《ぶんかかくさん》」の2つの側面《そくめん》に分《わ》けられる。

jumoobo / Shutterstock.com

▲世界《せかい》を短時間《たんじかん》で結《むす》ぶ飛行機《ひこうき》。

集団拡散《しゅうだんかくさん》は、人《ひと》びとが未開《みかい》の地《ち》に進出《しんしゅつ》したり、すでにそこにいた人《ひと》びとを駆逐《くちく》しながら拡散《かくさん》していく場合《ばあい》であり、文化拡散《ぶんかかくさん》は、技術《ぎじゅつ》や文《ぶん》化《か》などがすでにある地《ち》域《いき》でくらしている人《ひと》びとに受《う》け入《い》れられる場《ば》合《あい》をいう。ただ、文化《ぶんか》拡散《かくさん》においても人々《ひとびと》の交流《こうりゅう》は促進《そくしん》され、結果《けっか》的《てき》に人類移動《じんるいいどう》の波《なみ》に飲《の》み込《こ》まれることになる。

狩猟採集民《しゅりょうさいしゅうみん》の初期拡《しょきかく》散以後《さんいご》は、たとえば農耕文化《のうこうぶんか》の拡散《かくさん》に見《み》られるように、この2つの側面《そくめん》が一体《いったい》になって進《すす》んでいった。大航海時《だいこうかいじ》代以降《だいいこう》も同様《どうよう》だ。先住民《せんじゅうみん》がくらす地《ち》にヨーロッパから人《ひと》びとが移《うつ》り住《す》んで新《あら》たに国家《こっか》をつくったところもあれば、明治維新《めいじいしん》の頃《ころ》の日本《にほん》のように、西洋文明《せいようぶんめい》を受《う》け入《い》れて社《しゃ》会《かい》が大《おお》きく変化《へんか》したところもある。

かつて人類《じんるい》の拡散《かくさん》は、地域固有《ちいきこゆう》の社会《しゃかい》や文化《ぶんか》を生《う》み出《だ》してきた。ところが現代《げんだい》は、交通機関《こうつうきかん》の発達《はったつ》や情報《じょうほう》・通《つう》信技術《しんぎじゅつ》の高度化《こうどか》により、国《くに》や地域《ちいき》のワクを越《こ》えた社会《しゃかい》的《てき》・文化的《ぶんかてき》な均質化《きんしつか》に向《む》かっている。それだけでなく、国際結婚《こくさいけっこん》などによる遺伝的《いでんてき》な均一化《きんいつか》の方向《ほうこう》にも進《すす》みつつあるといわれている。人類《じんるい》の移動《いどう》と拡散《かくさん》の旅《たび》は、これからもまだまだ続《つづ》いていく。

▼国際結婚《こくさいけっこん》によって人類《じんるい》は遺《い》伝的《でんてき》な均一化《きんいつか》に向《む》かう!?

イラスト／佐藤 諭

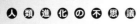

DNA《ディーエヌエー》が明《あき》らかにする人類《じんるい》の起源《きげん》と進化《しんか》

DNA《ディーエヌエー》解析《かいせき》によって人類進化《じんるいしんか》の謎《なぞ》を読《よ》み解《と》く

これまで人類進化《じんるいしんか》の研究《けんきゅう》は、主《おも》に古人骨《こじんこつ》の化石《かせき》や石器《せっき》のような、遺跡《いせき》から発見《はっけん》される文化的《ぶんかてき》な遺物《いぶつ》によって行《おこな》われてきた。こうした研究《けんきゅう》に革命《かくめい》をもたらしたのがDN《ディーエヌ》A解析《エーかいせき》だ。DNA《ディーエヌエー》（デオキシリボ核酸《かくさん》）は、細胞《さいぼう》の核《かく》とミトコンドリア内《ない》にある高分子生体物質《こうぶんしせいたいぶっしつ》で、左《ひだり》の図《ず》にある塩基対《えんきつい》の並《なら》びのなかに遺伝情報《いでんじょうほう》が記録《きろく》されており、「生《せい》物《ぶつ》の設計図《せっけいず》」と呼《よ》ばれている。DNA《ディーエヌエー》は親《おや》から子《こ》へと受《う》け継《つ》がれるが、DNA複製《ディーエヌエーふくせい》の際《さい》に化学物質《かがくぶっしつ》や放射線《ほうしゃせん》の影《えい》響《きょう》を受《う》けて、塩基《えんき》が置《お》き換《か》わったり、部《ぶ》分的《ぶんてき》に消《き》えたりすることがある。

イラスト／佐藤 諭

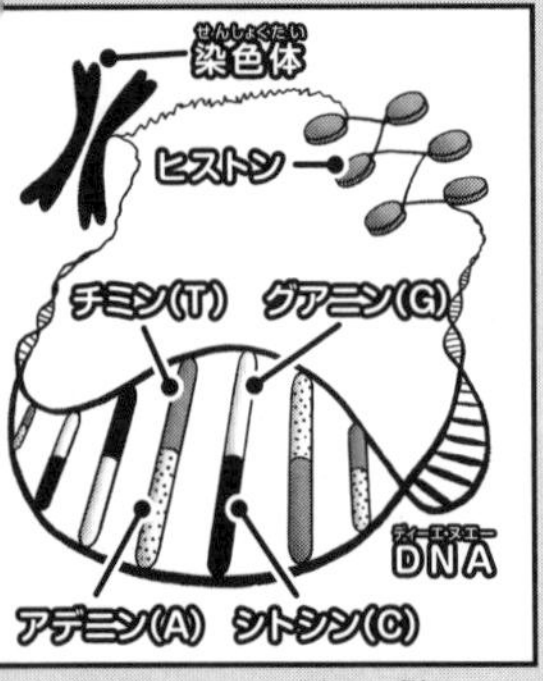

染色体《せんしょくたい》
ヒストン
チミン(T)
グアニン(G)
DNA《ディーエヌエー》
アデニン(A)
シトシン(C)

▲DNA《ディーエヌエー》。らせん状《じょう》の２本《ほん》のヒモの間《あいだ》に、ハシゴ状《じょう》に４種類《しゅるい》の塩基《えんき》が２つ１組《くみ》になって並《なら》んでいる。

こうした複製《ふくせい》のミスが「突然変《とつぜんへん》異《い》」だ。人《ひと》びとのDNA《ディーエヌエー》からはこうした変異《へんい》が多数見《たすうみ》つかり、この変異《へんい》をさかのぼっていくと、どんな共通《きょうつう》祖先《そせん》をもっているのか、いつ頃《ごろ》どこで祖先《そせん》たちと分《わか》れたのかなど、人類《じんるい》の進化《しんか》や拡散《かくさん》の歴史《れきし》をたどることができる。

それだけではない。遺伝子《いでんし》には生物《せいぶつ》の形質《けいしつ》に関《かん》する情《じょう》報《ほう》も含《ふく》まれるため、古人骨《こじんこつ》のDNA《ディーエヌエー》を調《しら》べることで、どんな姿《すがた》をしていたのかを推察《すいさつ》することも可能《かのう》だ。国立科《こくりつか》学博物館《がくはくぶつかん》などの研究《けんきゅう》グループは、北海道《ほっかいどう》・礼文島《れぶんとう》の船泊《ふなどまり》

▼国立科学博物館《こくりつかがくはくぶつかん》などの研究《けんきゅう》グループが縄文人《じょうもんじん》の骨《ほね》（右《みぎ》・船泊遺跡《ふなどまりいせき》）のDNA情報《ディーエヌエーじょうほう》から再現《さいげん》した復顔像《ふくがんぞう》（左《ひだり》）。

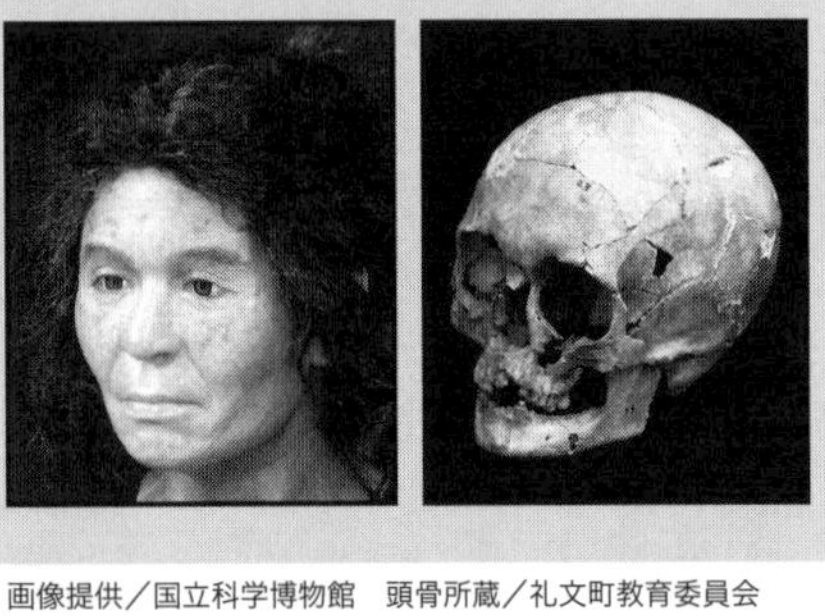

画像提供／国立科学博物館　頭骨所蔵／礼文町教育委員会

遺跡《いせき》で見《み》つかった縄文人女性《じょうもんじんじょせい》の骨《ほね》からDNA《ディーエヌエー》を抽出《ちゅうしゅつ》し、顔《かお》に関《かん》する遺伝子《いでんし》から外見《がいけん》を推定《すいてい》して復顔《ふくがん》を試《こころ》みた（前《ぜん》ページ下《した》の写真《しゃしん》）。DNA解析《ディーエヌエーかいせき》で推定《すいてい》された特徴《とくちょう》にしたがって再現《さいげん》された女性《じょせい》の肌《はだ》は色《いろ》が濃《こ》くシミがあり、目《め》は茶色《ちゃいろ》で髪《かみ》の毛《け》は細《ほそ》くちぢれていた。DNA解析《ディーエヌエーかいせき》が、骨格《こっかく》だけではわからなかった縄文人《じょうもんじん》の素顔《すがお》を再現《さいげん》させたのだ。

DNA《ディーエヌエー》研究《けんきゅう》の進展《しんてん》が自然人類学《しぜんじんるいがく》の新《あら》たなページを開《ひら》く

DNA解析《ディーエヌエーかいせき》は、これまでmtDNA《ミトコンドリアディーエヌエー》やY染色体《せんしょくたい》のDN《ディーエヌ》A《エー》、さらに核DNA《かくディーエヌエー》の一部《いちぶ》を調《しら》べる方法《ほうほう》で行《おこな》われてきた（130ページ）。ヒトの全遺伝子《ぜんいでんし》の情報《じょうほう》が書《か》き込《こ》まれた核DNA《かくディーエヌエー》は約《やく》30億対《おくつい》のDNA《ディーエヌエー》の並《なら》びだが、mtDNA《ミトコンドリアディーエヌエー》は約《やく》1万《まん》6000と短《みじか》いため、解析《かいせき》が容易《ようい》だったのだ。

しかし、人類《じんるい》の進化《しんか》や拡散《かくさん》の歴史《れきし》を詳《くわ》しく調《しら》べる上《うえ》で、核DNA《かくディーエヌエー》全体《ぜんたい》の情報《じょうほう》が得《え》られれば、これに越《こ》したことはない。そして、それが可能《かのう》になる日《ひ》が近《ちか》づいている。ヒトの全DNA配列《ぜんディーエヌエーはいれつ》を高速《こうそく》で解読《かいどく》する、次世代《じせだい》シークエンサーの技術《ぎじゅつ》が急速《きゅうそく》に進歩《しんぽ》しているのだ。はじめてヒトの全DNA《ぜんディーエヌエー》を解読《かいどく》した「ヒトゲノム計画《けいかく》」は10年以上《ねんいじょう》の歳月《さいげつ》をかけて2003年《ねん》に完了《かんりょう》した。ところが、今《いま》ではわずか1日《にち》でヒトの全DNA《ぜんディーエヌエー》の解読《かいどく》が可能《かのう》になった。

画像提供／イルミナ株式会社

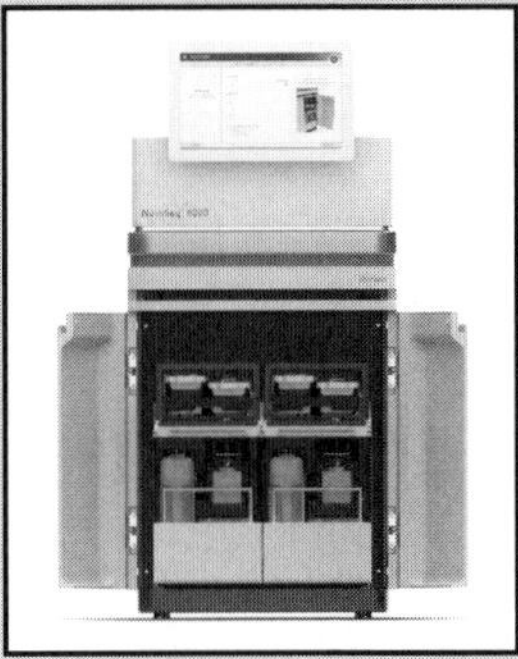

◀最新《さいしん》の次世代《じせだい》シークエンサー。ヒトの全DNA配列《ぜんディーエヌエーはいれつ》を1日《にち》で解読《かいどく》する。

特別《とくべつ》コラム

3次元《じげん》CTデータがひらく化石研究《かせきけんきゅう》の未来《みらい》

化石研究《かせきけんきゅう》においても、新《あたら》しい技術《ぎじゅつ》の導入《どうにゅう》が進《すす》んでいる。X線《せん》CT（コンピュータ断層撮影《だんそうさつえい》）装置《そうち》もそのひとつ。CT装置《そうち》は、X線《せん》を使《つか》って対象物《たいしょうぶつ》の断面《だんめん》を撮影《さつえい》し、コンピュータ処理《しょり》によってその構造《こうぞう》を明《あき》らかにする。対象物全体《たいしょうぶつぜんたい》の断層《だんそう》データを撮影《さつえい》すれば、3次元《じげん》の形状《けいじょう》がデータ化《か》できる。これを用《もち》いれば、発掘《はっくつ》された頭骨《とうこつ》の化石標本《かせきひょうほん》の構造《こうぞう》をデジタル空間《くうかん》に再現《さいげん》したり、バラバラになった骨《ほね》をコンピュータ上《じょう》で復元《ふくげん》することも可能《かのう》だ。また、3Dプリンターで元《もと》の化石《かせき》と同《おな》じ形状《けいじょう》のものをつくることもできる。

▲頭骨化石《とうこつかせき》のCT撮影《さつえい》の様子《ようす》。

画像提供／河野礼子

ホモ・サピエンスはどこへ向《む》かうのか？

繁栄《はんえい》と滅亡《めつぼう》の歴史《れきし》から人類《じんるい》が学《まな》ぶべきこととは？

私《わたし》たちの食《た》べ物《もの》のなかで、炭水化物《たんすいかぶつ》が豊富《ほうふ》で活動《かつどう》のエネルギー源《げん》となる重要《じゅうよう》な食物《しょくもつ》が「主食《しゅしょく》」だ。主食《しゅしょく》は地域《ちいき》によって異《こと》なるが、多《おお》くは穀物《こくもつ》かイモ類《るい》。なかでもイネ科《か》植物《しょくぶつ》の実《み》であるコメ・コムギ・トウモロコシは「世界三大穀物《せかいさんだいこくもつ》」と呼《よ》ばれ、世界人口《せかいじんこう》の約《やく》3分《ぶん》の2が、これらを主食《しゅしょく》にしている。

人類《じんるい》が穀物《こくもつ》などの栽培《さいばい》を開始《かいし》したのは約《やく》1万年前《まんねんまえ》で、地球《ちきゅう》の温暖化《おんだんか》が農耕《のうこう》を後押《あとお》しした。

農耕《のうこう》は人類《じんるい》に安定《あんてい》した食糧《しょくりょう》をもたらし、地球《ちきゅう》の人口《じんこう》は急速《きゅうそく》に増加《ぞうか》した。

写真／Shutterstock

▲古代《こだい》の超大国《ちょうたいこく》ローマも、やがて混乱《こんらん》と分裂《ぶんれつ》のなかで崩壊《ほうかい》し姿《すがた》を消《け》した。

今《いま》から約《やく》9000年前《ねんまえ》に約《やく》500万人《まんにん》だった世界《せかい》の人口《じんこう》は、約《やく》2000年前《ねんまえ》には2億《おく》～4億人《おくにん》に増《ふ》えたと考《かんが》えられている。自然《しぜん》がもたらす食物《しょくもつ》に頼《たよ》る狩猟採集生活《しゅりょうさいしゅうせいかつ》から、農耕《のうこう》や牧畜《ぼくちく》という自然《しぜん》に手《て》を加《くわ》えて自《みずか》ら食物《しょくもつ》を生《う》み出《だ》す生活《せいかつ》への変化《へんか》は、人類《じんるい》に多大《ただい》な豊《ゆた》かさをもたらした。だがその反面《はんめん》、土地《とち》や労働力《ろうどうりょく》の重要性《じゅうようせい》が増《ま》すことになった。そして、貧富《ひんぷ》の差《さ》や、支配《しはい》する者《もの》とされる者《もの》という身分《みぶん》の差《さ》も生《う》まれてしまった。

支配《しはい》する者《もの》は、その勢力《せいりょく》を拡大《かくだい》するために開発《かいはつ》や侵略《しんりゃく》を繰《く》り返《かえ》した。その結果《けっか》が何《なに》をもたらしたかは、かつて大繁栄《だいはんえい》したローマ帝国《ていこく》の歴史《れきし》を見《み》れば明《あき》らかだ。他国《たこく》との戦争《せんそう》や内乱《ないらん》、人口増加《じんこうぞうか》や気候変動《きこうへんどう》などによる食糧危機《しょくりょうきき》などでローマは衰退《すいたい》し、やがて滅亡《めつぼう》のときを迎《むか》えた。

こうした繁栄《はんえい》と滅亡《めつぼう》の繰《く》り返《かえ》しは、その後《ご》も世界各地《せかいかくち》で起《お》きた。領土《りょうど》をめぐる戦争《せんそう》や紛争《ふんそう》は今《いま》も続《つづ》いている。貧富《ひんぷ》の格差《かくさ》は、現在《げんざい》も大《おお》きな問題《もんだい》になっている。人類《じんるい》は、この1万年《まんねん》の間《あいだ》に何《なに》を学《まな》んだのだろう。そして私《わたし》たち人類《じんるい》は、この先《さき》どこへ向《む》かおうとしているのだろうか。

世界中《せかいじゅう》の人々《ひとびと》は みんな同《おな》じホモ・サピエンス

世界《せかい》の人口《じんこう》は76億人《おくにん》を超《こ》え、今後《こんご》も増《ふ》えていくことが予測《よそく》されている。この膨大《ぼうだい》な数《かず》の人《ひと》びとは、ホモ・サピエンスという1種類《しゅるい》の人類《じんるい》だ。はじめての人類《じんるい》が、チンパンジーとの共通祖先《きょうつうそせん》から分《わ》かれたのはおよそ700万年前《ねんまえ》。それからホモ・サピエンスが誕生《たんじょう》するまでの間《あいだ》にさまざまな人類《じんるい》が存在《そんざい》したが、それらはすべて絶滅《ぜつめつ》したと考《かんが》えられている。

ところが、同《おな》じ人類《じんるい》にもかかわらず、ときに私《わたし》たちは「人種《じんしゅ》」という言葉《ことば》でヒトを区別《くべつ》することがある。さらに、それが差別《さべつ》を生《う》むこともある。人種《じんしゅ》は、一般《いっぱん》に体《からだ》の形質《けいしつ》の違《ちが》いによって分類《ぶんるい》されることが多《おお》い。肌《はだ》の色《いろ》もそのひとつだ。だがこうした違《ちが》いは、アフリカで誕生《たんじょう》したホモ・サピエンスが世界《せかい》に拡散《かくさん》していくなか、異《こと》なる環境《かんきょう》のもとで獲得《かくとく》したものであり、優劣《ゆうれつ》などもない。何《なに》より肌《はだ》の色《いろ》は連続的《れんぞくてき》に変化《へんか》するため、その境界《きょうかい》を定《さだ》めることも不《ふ》可能《かのう》だ。こうした形質《けいしつ》によって人類《じんるい》を区別《くべつ》することなどできないのだ。科学的《かがくてき》に定義《ていぎ》できないので、自然人類学《しぜんじんるいがく》では「人種《じんしゅ》」という言葉《ことば》は使《つか》われない。

写真／Shutterstock

▲上《うえ》はアフリカ・ケニアのマサイ族《ぞく》、下《した》は南《みなみ》アメリカ・ボリビアの人々《ひとびと》。容姿《ようし》は違《ちが》っても、同《おな》じホモ・サピエンス。

Curioso / Shutterstock.com

特別《とくべつ》コラム

DNA《ディーエヌエー》研究《けんきゅう》はどこへ進《すす》む？

医療分野《いりょうぶんや》では多《おお》くの人《ひと》びとのDNA《ディーエヌエー》を解読《かいどく》する作業《さぎょう》が進《すす》められている。ゲノムと病気《びょうき》の関係《かんけい》を明《あき》らかにしたり、新薬《しんやく》の開発《かいはつ》に役立《やくだ》てたりするためだ。人類学《じんるいがく》の研究者《けんきゅうしゃ》たちも、このデータを活用《かつよう》して、人類《じんるい》がどのように世界《せかい》に拡散《かくさん》していったのかを探《さぐ》ろうとしている。

一方《いっぽう》で、古人骨《こじんこつ》からDNA《ディーエヌエー》を採取《さいしゅ》して解読《かいどく》する研究《けんきゅう》も進《すす》み、約《やく》4万年《まんねん》以上前《いじょうまえ》のホモ・サピエンス、7〜6万年前《まんねんまえ》のホモ・ネアンデルターレンシスのDNA解析《かいせき》も行《おこな》われている。状態《じょうたい》がよければ40万年《まんねん》前頃《まえころ》の古人骨《こじんこつ》にも解読可能《かいどくかのう》なDNA《ディーエヌエー》が残《のこ》っているとされ、人類進化《じんるいしんか》の解明《かいめい》にDNA研究《ディーエヌエーけんきゅう》が役立《やくだ》つと期待《きたい》されている。

あとがき
「私《わたし》たちの祖先《そせん》の物語《ものがたり》」

国立科学博物館《こくりつかがくはくぶつかん》　副館長《ふくかんちょう》　人類研究部長《じんるいけんきゅうぶちょう》
篠田謙一《しのだけんいち》

１９５５年《ねん》生《う》まれ。京都大学理学部卒業《きょうとだいがくりがくぶそつぎょう》。医学博士《いがくはくし》。分子人類学者《ぶんしじんるいがくしゃ》。日本《にほん》や世界《せかい》の遺跡《いせき》から出土《しゅつど》した人骨《じんこつ》のＤＮＡ《ディーエヌエー》（遺伝情報《いでんじょうほう》）を分析《ぶんせき》して、日本人《にほんじん》のルーツや、世界《せかい》の人《ひと》びとの起源《きげん》、その成《な》り立《た》ちを研究《けんきゅう》する第一人者《だいいちにんしゃ》である。

私《わたし》たちはいったいどこから来《き》たのだろう。こんなことを考《かんが》えたことはありますか。お父《とう》さんとお母《かあ》さんがいて私《わたし》たちは生《う》まれました。そのお父《とう》さんとお母《かあ》さんにも、それぞれお父《とう》さんとお母《かあ》さんがいます。あなたから見《み》ればおじいさんとおばあさんですね。この人《ひと》たちに、どこで生《う》まれて、どう育《そだ》ったのかを直接《ちょくせつ》聞《き》いたことがある人《ひと》は多《おお》いでしょう。おじいさんやおばあさんの両親《りょうしん》の話《はなし》も聞《き》くことができます。こうして私《わたし》たちは１００年《ねん》くらい前《まえ》までなら、自分《じぶん》の祖先《そせん》について知《し》ることはできます。それより前《まえ》のことは、本《ほん》や手紙《てがみ》などが残《のこ》っていればわかることもあります。それを調《しら》べるのが歴史学《れきしがく》という学問《がくもん》です。しかし、それよりもずっと

写真／Shutterstock

昔《むかし》の、文字《もじ》が発明《はつめい》されるよりも前《まえ》のことはどうやったら知《し》ることができるのでしょうか。それを研究《けんきゅう》するのが人類学《じんるいがく》という学問《がくもん》で、人類《じんるい》がどのような生物《せいぶつ》から生《う》まれたのか、あるいは日本人《にほんじん》はどこから来《き》たのか、といったことを調《しら》べています。そのときに材料《ざいりょう》となるのは、私《わたし》たちの祖先《そせん》の化石《かせき》です。

これまでの研究《けんきゅう》で人類《じんるい》がゴリラやチンパンジーのなかまから分《わ》かれたのは、およそ700万年前《まんねんまえ》のことだとわかっています。それはアフリカで起《お》こりました。私《わたし》たちと他《ほか》の動物《どうぶつ》を区別《くべつ》するのは何《なん》と言《い》っても、私《わたし》たちがとても頭《あたま》のよい動物《どうぶつ》だということでしょう。私《わたし》たちは言葉《ことば》をあやつり、文字《もじ》を書《か》き、計算《けいさん》をすることができます。そんなことができるのは、私《わたし》たちの脳《のう》が他《ほか》の動物《どうぶつ》よりもずっと高性能《こうせいのう》にできているからです。ですから私《わたし》たちの祖先《そせん》は、最初《さいしょ》に脳《のう》が発達《はったつ》したことで、ゴリラやチンパンジーの祖先《そせん》から分《わ》かれたのだと考《かんが》えたくなります。でも、化石《かせき》を調《しら》べてみると、私《わたし》たちの祖先《そせん》の脳《のう》の大《おお》きさは、数百万年《すうひゃくまんねん》もの間《あいだ》、チンパンジーとそれ程《ほど》変《か》わらなかったことがわかりました。この頃《ころ》の人類《じんるい》のことを猿人《えんじん》と呼《よ》んでいるのですが、彼《かれ》らがチ

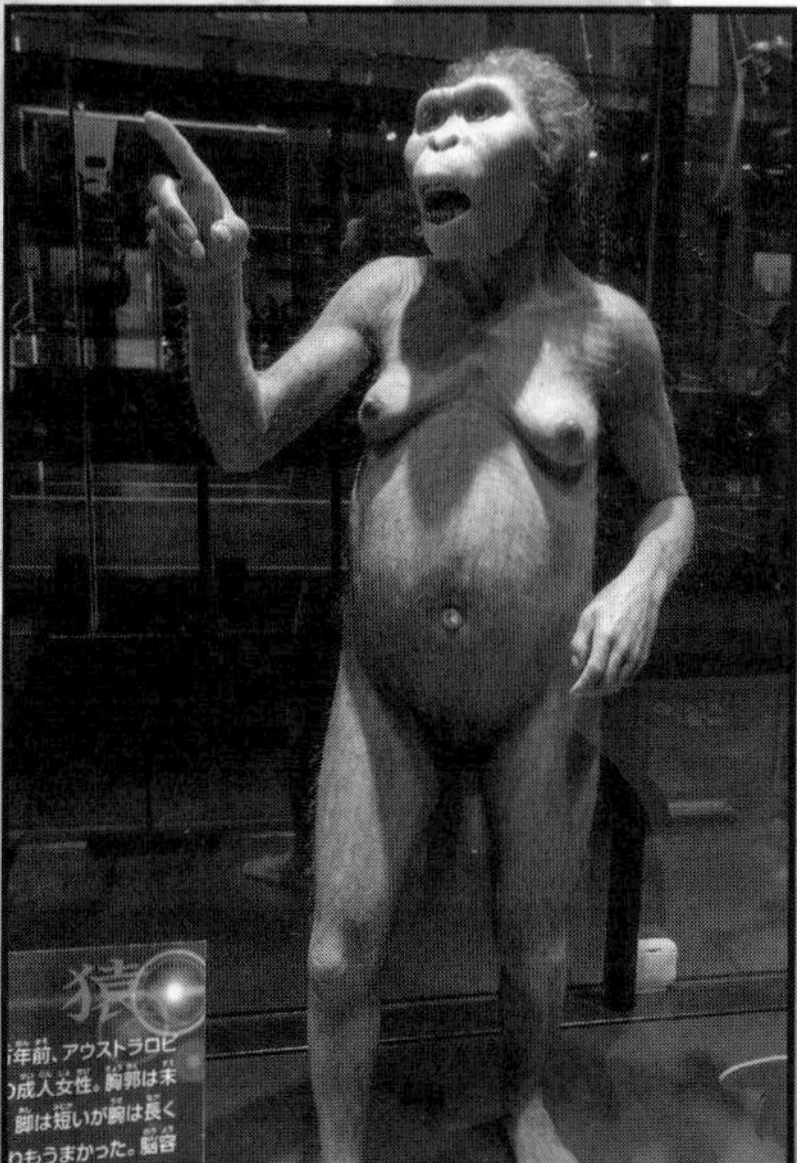

◀ルーシーと呼《よ》ばれる、約《やく》320万年前《まんねんまえ》のアファール猿人《えんじん》の復元像《ふくげんぞう》。全身《ぜんしん》の約《やく》40%の骨《ほね》が見《み》つかり、直立二足歩行《ちょくりつにそくほこう》したことを示《しめ》す人骨《じんこつ》という点《てん》でも貴重《きちょう》な発見《はっけん》だった。

写真／大橋賢　撮影協力：国立科学博物館

▶ネアンデルタール人の復元像。がんじょうような体と大きな脳を持ち、彼らのDNAの一部が私たちにも受け継がれていることがわかった。

写真／大橋賢　撮影協力：国立科学博物館

ラ・フェラシー 1号
フランス出土。1号とよばれる、ほぼ完全なネアンデルタール人の男性。身ぶりはつかさどる大きな脳腔（1600cc）をもつ。ムスティエ文化の埋葬など死後の儀式を使って宗教的感情など、精神の豊かさをもって生きたらしい。

ンパンジーと決定的に違っていたのは二本足で歩くことができることでした。そこから、二本足で歩くことは人類になるためには決定的に重要なことだったと考えられています。

250万年くらい前になると、猿人のなかから脳が大きくなるグループが現れました。この段階の人類を原人と呼びますが、それでも脳の大きさは私たちの3分の2程度でした。しかし原人になる

人類ははじめてアフリカを飛び出します。北京原人という名前を聞いたことがある人もいるでしょう。彼らはアジアに到達した原人のグループです。その後も世界中でさまざまな人類が生まれては消えていったのですが、20万年ほど前になるとアフリカで私たちと同じ姿形をしたホモ・サピエンスが誕生します。彼らは随分と長い間アフリカだけに住んでいたのですが、6万年ほど前にアフリカを旅立って世界中に広がりました。最初にアフリカを出た人の数は数千人程度だと考えられています。今のアフリカ人以外の人類は、皆この人たちの子孫ということになります。彼らは世界中のいろいろな地域に散らばって、いろいろな社会を築くこ

とになりました。彼《かれ》らが日本列島《にほんれっとう》に最初《さいしょ》にやって来《き》たのは約《やく》4万年前《まんねんまえ》のことです。

最近《さいきん》では、化石《かせき》だけではなく私《わたし》たちのもつDNA《ディーエヌエー》の研究《けんきゅう》からも、いろいろなことがわかるようになっています。私《わたし》たちのDNA《ディーエヌエー》は、祖先《そせん》から受《う》け継《つ》いだものなので、それを調《しら》べることで私《わたし》たちの祖先《そせん》について知《し》ることができるのです。20世紀《せいき》の終《お》わり頃《ころ》から私《わたし》たちのもつDNA《ディーエヌエー》を読《よ》むことができるようになって、ずいぶんいろいろなことがわかるようになりました。

私《わたし》たちと60万年《まんねん》ほど前《まえ》に分《わ》かれたネアンデルタール人《じん》という人類《じんるい》がいます。主《おも》にヨーロッパと中東《ちゅうとう》に住《す》んでいた人《ひと》たちです。彼《かれ》らは、私《わたし》たちの祖先《そせん》がアフリカを出《で》たあとに姿《すがた》を消《け》してしまったので、絶滅《ぜつめつ》したと思《おも》われていました。でも、DNA《ディーエヌエー》の研究《けんきゅう》から、私《わたし》たちにもネアンデルタール人《じん》のDNA《ディーエヌエー》が伝《つた》わっていることがわかりました。ネアンデルタール人《じん》も私《わたし》たちの祖先《そせん》の一部《いちぶ》だったのです。DNA《ディーエヌエー》の研究《けんきゅう》は、これからも私《わたし》たちの祖先《そせん》のいろいろな物語《ものがたり》を教《おし》えてくれるでしょう。

DNA《ディーエヌエー》は体《からだ》の設計図《せっけいず》ですから、調《しら》べるともっと違《ちが》うこともわかります。今《いま》では、何千年《なんぜんねん》も前《まえ》の人《ひと》の髪《かみ》や肌《はだ》の色《いろ》が何色《なにいろ》だったのかも知《し》ることができるようになっています。会《あ》うこともできない先祖《せんぞ》が、どんな姿形《すがたかたち》をしていたのか、どんな病気《びょうき》にかかっていたのか、ということもわかるようになりました。でもこういうことは21世紀《せいき》になって、新《あたら》しい機械《きかい》が発明《はつめい》されてはじめてわかるようになったことなのです。研究《けんきゅう》はこれからも続《つづ》いて、もっとすごい機械《きかい》や実験《じっけん》の方法《ほうほう》が生《う》み出《だ》されたら、先祖《せんぞ》がどんな人《ひと》だったのかということについて、ドラえもんのひみつ道具《どうぐ》がなくても、もっとたくさんのことがわかるようになるはずです。そしてそのような研究《けんきゅう》は、この本《ほん》を読《よ》んでいる皆《みな》さんが行《おこな》うことになるのです。

ビッグ・コロタン⑯④

ドラえもん科学《かがく》ワールド
ー人類進化《じんるいしんか》の不思議《ふしぎ》ー

STAFF

●まんが　藤子・F・不二雄
●監修　河野礼子（慶應義塾大学教授）
　藤子プロ
●協力　篠田謙一（国立科学博物館館長）
●編　小学館　ドラえもんルーム
●構成　滝田よしひろ　窪内裕　丹羽毅　甲谷保和　芳野真弥
●デザイン　ビーライズ
●装丁　有泉勝一（タイムマシン）
●イラスト　佐藤諭　加藤貴夫　菊谷詩子　山本匠
●写真　国立科学博物館　大橋賢　河野礼子　イルミナ株式会社　amanaimages Shutterstock PIXTA　一般財団法人 地球産業文化研究所　V.Mourre　三上周治　T.White　諏訪元　河合信和　Smithsonian Institution　Momotarou2012　Federigo Federighi　Clem23　Ryan Somma CC BY-SA 2.0　Gibmetal77/Wikimedia Commons　Gerbil
●校正　株式会社エディット
●資材　遠山礼子
●販売　北森碧
●制作　木戸礼
●宣伝　内山雄太
●編集　菊池徹

参考文献
『人類進化大研究 700万年の歴史がわかる』（河野礼子／PHP研究所）『人類進化と大移動』（タターソル デーサル J・ウィン／西村書店）『地球137億年の物語』（クリストファー・ロイド／文藝春秋）『日本人になった祖先たち』（篠田謙一／NHKブックス）『ホモ・サピエンスの誕生と拡散』（篠田謙一／洋泉社）『図解ホモ・サピエンスの歴史』（人類史研究会／宝島社）『DNAで語る日本人起源論』（篠田謙一／岩波書店）『日本人はどこから来たのか？』（海部陽介／文藝春秋）『面白くて眠れなくなる人類進化』／左巻健男（PHP研究所）別冊日経サイエンス人類への道（篠田謙一編／日経サイエンス）日経サイエンス　サイエンティフィック・アメリカン　ナショナルジオグラフィック　デジタル版サイエンス　国立科学博物館ウェブサイト　国立自然史博物館（アメリカ）ウェブサイト

2018年8月13日　初版第1刷発行
2025年3月8日　第8刷発行

●発行人　北川吉隆
●発行所　株式会社　小学館
〒101-8001　東京都千代田区一ツ橋2-3-1
編集●03-3230-5410
販売●03-5281-3555
●印刷所　大日本印刷株式会社
●製本所　株式会社　若林製本工場
Printed in Japan

ISBN978-4-09-259164-6